墓と仏壇の本当の話

―先祖の霊など宿っていない―

ウズメ

ヒカルランド

まえがき

あなたはお墓や仏壇に、ご先祖様の魂が宿っていると信じていますか？

本当に心底信じている人は、お墓と仏壇のどちらに宿っていると思っているのですか？

それとも両方に宿っていると思っているのでしょうか？

宿っているとしたら、死後、いつまで宿っていると考えているのですか？


お墓、仏壇は、大切です。しかし、何故大切で、どのように大切にしなければならないのでしょうか、お墓と仏壇の本当の意味を知っている人は、日本にはほとんどいません。


実はお墓や仏壇と、死者の魂とは、何の関係もないのです。もう一度いいます。お墓や仏壇には死者の魂が宿っていることは、全くありえません。

日本のことなのに、何故こんな当たり前のことを日本人が知らないのでしょうか。

しかし、死者は宿っていなくとも、墓や仏壇は大切にしなければいけないのです。なぜなら、お墓や仏壇には、日本人がまだ明確に認識していない、非物理的存在が宿っているからです。

本書では、非物理的世界を交えて、お墓と仏壇の本当の姿を明かします。それは、お墓と仏壇の認識が変わるだけではなく、これからのあなたの生き方をも変えてしまうでしょう。

もしあなたが、様々な分野の先生と呼ばれる専門家の方々に相談しても、問題がなかなか解決しないとお悩みならば、この本があなたにとって福音となります。

本書があなたの人生にとって大切な道しるべとなることを願ってやみません。

墓と仏壇の本当の話

―先祖の霊など宿っていない―

ウズメ

目次

第二章
仏壇を替える前に
＝仏壇に住まうスピリッツ＝

第三章
スピリッツと幽霊との違い

第四章
幽霊もいろいろ

第五章
日本人は知らない

第六章
死んだらどうなるのか

装丁 takaokadesign
校正 麦秋アートセンター
本文仮名書体 文麗仮名（キャップス）

第一章

墓石を捨てた

＝墓石に宿るスピリッツ＝

・ご先祖様の祟り？

「お墓参りをしなかったら、バチがあたる！」

「仏壇を捨てたら、祟《たた》りがおこる！」

日本人なら、耳にしたことがある話であろう。これは根も葉もない話ではなく、昔から実際にそのようなことが起きているため、そのように言われ続けている。

では、そのバチは、祟りは、誰が何故起こしているのだろうか？

「ご先祖様が怒っているから。」と日本人は答えるだろう。

本当に？　あなたのご先祖様は、子孫を苦しめようとする、そんな酷《ひど》い人だったのですか？　そんなことを言われたら「私のご先祖様を馬鹿にするな！」と怒らないといけない。

私は多くの墓や仏壇を鑑定してきたが、先祖の魂、あるいは人の霊が宿っているのを見たことはない。


ならば、〝バチは、祟りは、誰が起こしているのか〟

その答えは、私のこれまでの実際の体験と、それを裏付ける叡智《えいち》の学びの中にある。それは非物理的世界のことなので、信じられないこともあるだろう。しかし、体験そのものは事実である。

本書を読み終えた時には、あなたの中に違う世界が広がっているだろう。

では、新しい世界をご案内しよう。

・スピリッツの呼びかけ

「何をそんなに怒っているの？」

『人間が長《おさ》の居場所を奪ったのだ！』

「どうしてほしいの？」

『長の場所を元に戻せ！　そして謝れ！』

「わかったよ。伝えてみるね。」

これは、人間同士の会話ではない。

私は、とある墓場に来ていた。山あいの小高い場所にある集合墓地だった。何故そのような場所に行くことになったのか。

私の霊性の師であるスワミのもとに、ある夫妻が訪ねて来られた。ご主人が肺癌のため、スワミによるヒーリングを受けに来られたのだ。

そしてスワミは指摘した。

「病気の本当の原因はお墓を作り変えたためだ。」

その後、スワミが墓場で謝罪の祈りの儀式を行なうため、私も同行することになったのだ。

墓場に向かう車内で、私は自分と伴にいる神聖な存在に対して、静かに祈った。

「何か先にわかることがあれば教えて下さい。」

すると頼んだ相手とは違う別の存在が、私の頭の中に映像を映し出し、話しかけてきた。

いくつもの墓が並んでいる場所が視《み》える。

『人間が……した。……で格好悪い。……皆の前……恥ずかしい。』

「何？　よくわからない。後でね。」

頭の中で返答した。


私が何らかの存在と会話を交《か》わす場合には、電子機器に触れていると感度が下がり、車の中だと精度も下がる。まるで壊れたラジオを聴いているような感じで、全ては聞き取れなかった。まだ現場を見ていないため、私はこの話の意味がよくわからなかった。

墓の持ち主の夫妻と同行していたので、視えた内容を簡易的に伝えた。

「集合墓地のような映像が出てきて、何かを恥ずかしいと言ってますね。」


私は祈りを捧げることで、縁のある神聖な存在が答えを教えてくれる場合がある。頭の中に映像で答えが映し出されるのだ。

しかし、相手がこちらに伝えたいことがある場合は、無理やり映像を視せられることがある。私と縁があるないは関係なく、非物理的存在が自分の言いたいことを伝えるために、私の頭の中に勝手に映像を映し出すのだ。私は一時期この能力に大変苦悩したため、普段は映像が映し出されないように遮断している。

自分と縁のある神聖な存在に祈りを捧げた時のみ視ることにしているが、たまにこのようにわりこみがあるのだ。

・スピリッツの怒りの原因

墓場に着くと、そこは自然の中にある古い墓場で、石も自然石を使われているような墓ばかりだった。

自然の中の木、岩、花などに宿る存在達が私に話しかけてくる。人間と場所を共存する非物理的存在達には、人間のおこないに対する悩みが常々ある。そのため、自分達のことが分かる人がやって来ると、われもわれもと話しかけてくるのだ。

『人間に酷いことをされたんだ！』

『ねぇ、あの人に伝えて。』

『何をしにここへ来たんだ？』

『お話ししましょう。』

きりがないので、一言だけ伝える。

「今日は別の目的で来てるから聞けないよ。ごめんね。」

私は寄り道することなく、目的の墓に向かった。

そこは、墓石がいくつも並んでいた。家系の墓であることが一目でわかる。事前に見た映像通りだった。

墓を見た瞬間に原因がわかった。

敷地の１番中心となる場所に、先祖の名や没年月日などが刻んである、大きく立派な墓碑があった。まだ新しく、ツルツルに磨かれた美しい黒石の墓碑だった。

その墓碑には〝何も宿っていなかった〟。

しかし、まわりの古い墓石には、〝スピリッツ〟が宿っていた。

スピリッツというのは、神様や天使のように天界にいる神聖な存在ではない。地上にいる幽霊のことでもない。肉体を持たないため、人間の目には物理的には見えない。しかしこの世界の様々な場所に住んでいるのだ。そして人間を含め、現実世界に影響を及ぼせるほどの力を持っている。

この存在のことを、〝スピリッツ〟という。

日本語には、このスピリッツに相当する的確な言葉が存在しない。なぜならば、スピリッツに関する概念と叡智が日本には伝わっていないからだ。そのため、仕方なくスピリッツというラテン語を使うことをお許しいただきたい。

土地に宿るのは地のスピリッツ。井戸や池など水に宿るのは水のスピリッツ。スピリッツの存在が、人間にとって良いか悪いかは、人間の行ない次第。

日本では「八百万《やおよろず》の神」とよぶ場合もある。それは日本人は昔より、人々に都合の良いことをもたらす非物理的存在のことを、ひとくくりに「神」とよんだためである。


夫妻に尋ねると、現在墓碑が置かれている場所には、元々一番主となるご先祖様のお墓があったが、場所を移動させたそうだ。墓石の台座となる石も捨てた、とのことだった。

そして新たに、墓の周辺を囲む柵をつけたようだ。

(なるほど。この大きな墓碑を置くために、ここに住むスピリッツ達の長である墓石の場所を移動させ、台座の石も捨てた。このことがスピリッツ達の逆鱗《げきりん》にふれたのだな。)とわかり、スワミと夫妻に伝えた。

・スピリッツと人間の価値観の違い

スワミが墓石に宿るスピリッツに対する謝罪の儀式を始めた。私は、真ん中手前の墓の前、柵の外に座っていた。

儀式の途中に、目の前の墓石に宿るスピリッツが、物凄い剣幕で話しかけてきた。

『人間が我々の長の居場所を奪ったのだ！』

詳しく聞くと、そのスピリッツの話では、スピリッツの宿った石を後から人間が墓石にしたわけではなく、スピリッツが好む石が墓場に設置されていたので、スピリッツの格の高さの順に、石に宿ったらしい。

その後人間が、スピリッツ集団の長の宿る墓石を格下の場所に移動させた上、台座の石も捨てたそうだ。そのため、長の墓石の高さは他の墓同様の高さになっており、長が居た元の場所には、ツルツルピカピカの美しい大きな黒石の墓碑が設置されていた。

『あんな石を置かれて、恥ずかしい。』

このスピリッツの話しによって、この時に初めてわかったことがあった。地のスピリッツが宿りやすい物の一つに、石があるのだが、スピリッツにも〝好み〟があるらしい。

どうやら〝人間の価値観とは逆〟である。

より自然な状態を好み、風化しているようなボロボロの石ほど、スピリッツ達からすると、『格好良い』という認識のようだ。

そしてツルツルに光っているような綺麗に加工してある石は、『格好悪い』という認識らしい。

そこから見える他の場所には、違う家系の墓がいくつも建ち並んでいた。私が見渡す限り、確かにスピリッツが宿っている墓はボロボロの墓石ばかりで、ツルツルに磨かれたような綺麗な墓石には、スピリッツは一体も宿っていなかった。


車の中で聞いた話しの『人間が……した。……で格好悪い。……皆の前……恥ずかしい。』の〝皆〟というのは、自分達の縄張りの外の、他のスピリッツ達のことであった。

〝恥ずかしい〟というのは、『こんな格好の悪い物を自分達の縄張りの中心に置かれ、自分達が守っている長をないがしろにされて、恥ずかしい。』ということだった。

「ああ、さっき（車の中にいる時に）話しかけてくれたのは、あなただったのね。ありがとう。」と礼を言った。

私の場合、スピリッツの姿が見える場合と、姿は見えないが話は出来る、という場合がある。この時は、一瞬だけ姿が見えた。

男のスピリッツだった。角は無いが鬼のような体格で、右手に細く長い棒のような物を持って立っていた。とても力があるように感じられるスピリッツである。

長を守るスピリッツの話では、本来は長の宿る墓石が墓碑の位置にあったらしい。

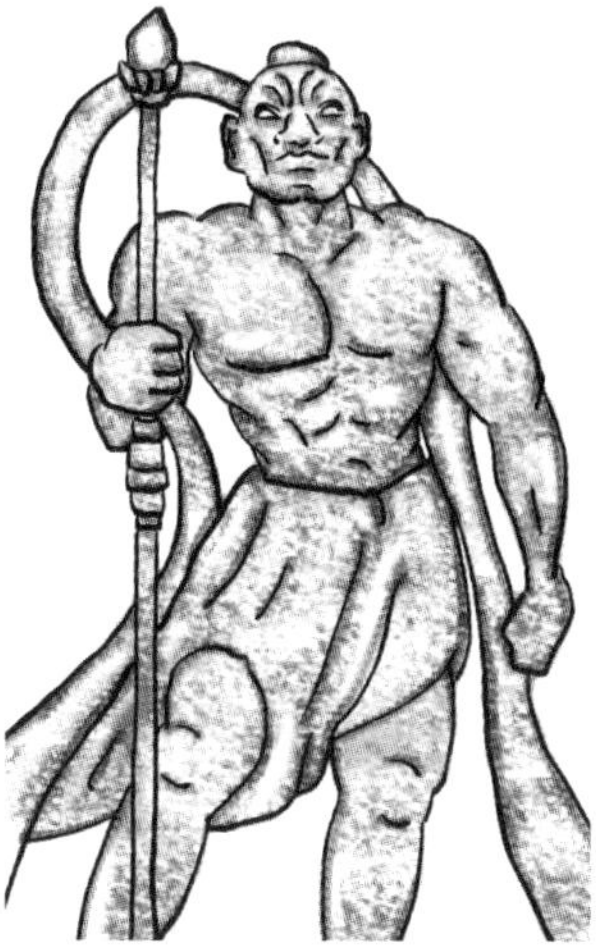

中央挟んで向かって右側の墓石にも同じような風貌の、力のありそうなスピリッツが宿っていた。その他の墓石にもスピリッツが宿っていたが、中央から離れるほど、力の弱いスピリッツが宿っていた。中央奥に居た長であるスピリッツを、この手前両脇の二人のスピリッツが守っている形だ。

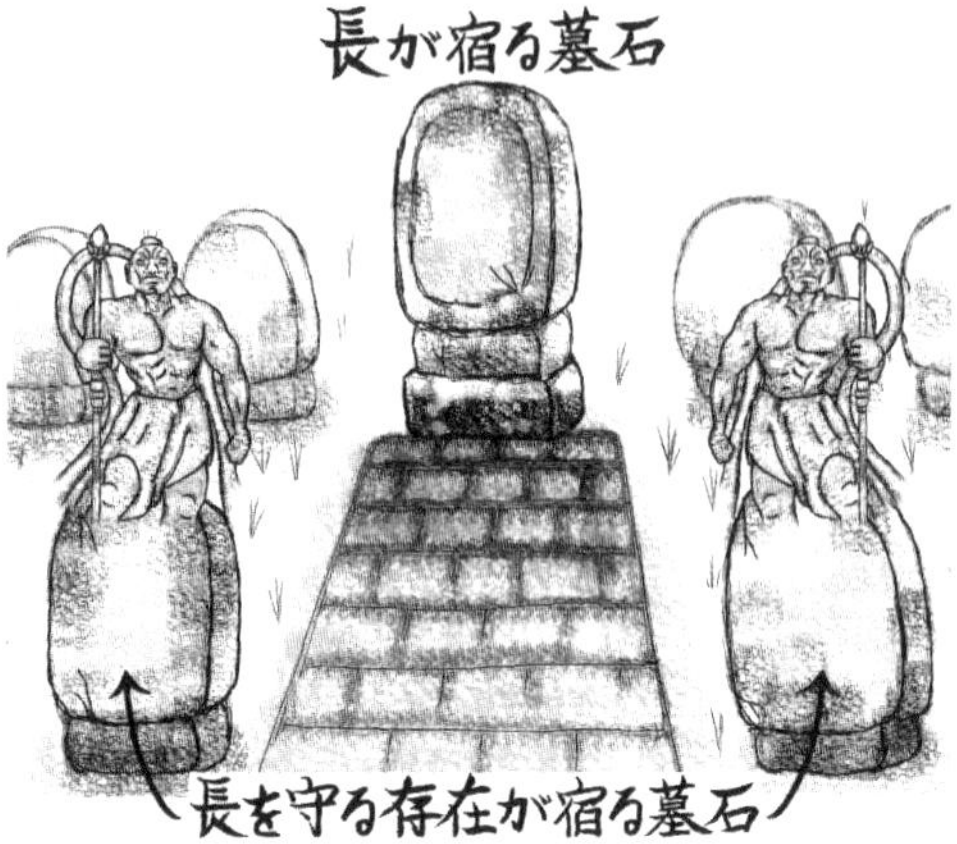

よく寺院の山門の両脇に、仁王像が立っている。仏敵を退散させる守護神として、立っているが、見た目がそれに近い。

本来そういう姿のスピリッツなのか、それとも自分達が長を守っている、という意識から、そのような姿をこちらに見せているのか、どちらなのかは分からなかった。

その後、墓が作り変えられ、現在の墓の位置になったそうだ。

謝罪の儀式は、供物を載せるテーブルを置くため、敷地の中央しか場所が無く、黒石の墓碑の前でスワミは儀式を行なっていた。

長を守っているスピリッツが激しく訴えかけてくる。

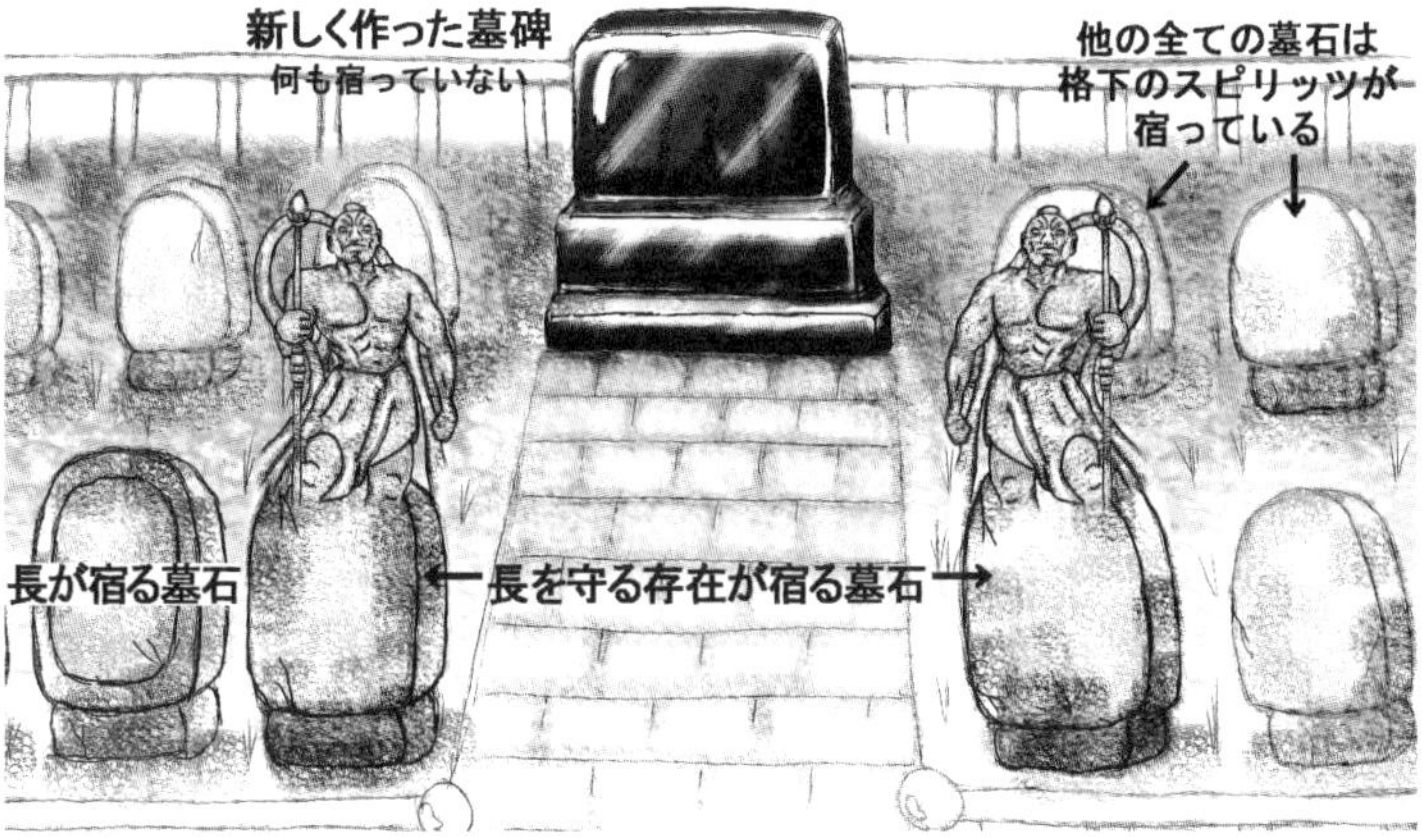

『おい、なぜ、あれ（黒石）の前で（儀式を）やっているのだ。』

「あそこしか場所がないのだから仕方がないでしょう。」

『長の前でやるべきだろ！』

「ここは柵があるのだから無理でしょう。」

『この柵も人間が勝手につけたのだ！』

「わかった。後で伝えるから。」

儀式を終えたスワミと、立ち会っていた夫妻に、スピリッツの話を伝えた。

今の立派な墓碑を撤去して、元通りに戻すとなれば、大変な費用がかかる。そのうえ儀式を後日やりなおさないといけない。夫妻に対してもスワミに対しても、とても言いづらい話であった。

「移動させられた長のスピリッツが怒っているわ

けではないんです。『人間が自分達の長に失礼なことをした』と、長を守っていたまわりのスピリッツ達が、激しく怒っているんです。」
　すると、スワミはこう言った。
スワミ「じゃあこの墓石とこの墓石を、入れ替えたらいいんじゃないか。」
ウズメ「この墓石に宿るスピリッツよりも、この墓石に宿るスピリッツの方が、位が高いようなので、それはやめた方が良いです。」
ウズメ「いや、そうすると、この墓石に宿るスピリッツから不満が出ます。『何でおまえがそこに居るんだ』という話になるので。」
スワミ「じゃあ、これとこれと、これとこれを入れ替えたら。」
ウズメ「いやいや、パズルじゃないですから。偉い順があるようで、墓を入れ替えると余計ややこしい話になるので。」

　私は夫妻とスワミに真剣に頼んだ。
「大変だと思いますが、この墓碑を撤去して下さい。それから捨てた台座の代わりになる自然石を探して下さい。可能な限り、捨てた石と似ている石が良いです。その石を台座にして、墓を元の位置の高さに戻して下さい。このまわりの柵も取って下さい。その後に謝罪の儀式をもう一度おこなった方が良いです。」

夫妻もスワミも快く承知してくれた。

続けて私は注意せねばならない大切な話を伝えた。

「スピリッツと約束事をする場合、期限を決めて〝それまで怒らないで待っていて下さい〟とお願いをして、待ってもらいます。その期限までに必ず工事を終えて下さい。そして工事の後、もう一度謝罪のプジャを行って下さい。期限は確実に守れる期限にすることです。もしもその期限を破ったならば、スピリッツとの約束を破ったことになり、大変なことになります。」

夫妻は「はい、分かりました。年内にはやります。」と承知して下さった。

後でスワミとこのような話をした。

ウズメ「墓場にいるスピリッツは、かなり古い自然石の墓石に宿っていることが多いようです。自然の中の古い墓場に問題が多いのは、スピリッツが多く住んでおり、価値観の異なる人間との衝突があるからです。反対にツルツルに加工した綺麗な墓石は、スピリッツの好みではないため、一体のスピリッツも宿っていなかったのです。」

スワミ「じゃあ全ての墓をツルツルの強化プラスチックで作れば、スピリッツは嫌がって墓に宿らなくなるから、墓のスピリッツの問題は無くなるな。」
ウズメ「そうですね。風情は皆無ですが。」
二人で笑いあった。

・スピリッツの食の好み

この墓場の区域の入り口付近には、大きな木が四本立っていた。

その木に宿るスピリッツ達がこちらに注目して、一部始終を見ており、『大変だねぇ。』とささやいていた。見られていることに気づいてはいたが、少し離れていたので、とくにこちらから話しかけることはしなかった。

こういった木に宿るスピリッツのことを、日本人は、〝木の精霊〟などと呼ぶのだろう。

私が墓場から立ち去ろうとした時、木に宿る一体のスピリッツが話しかけてきた。

『工事が始まる前に手土産を持って、もう一度来るといい。工事開始の日時と工事の理由を知らせに、挨拶に来た方がいい。』

「確かにそうですね。教えて下さりありがとうございます。」

私は礼を言った。

すると、木に宿るスピリッツが頼みごとをしてきた。

『自分にもお土産を持ってきて。あと横のあの子達にも。』

「何がいいですか。蜂蜜でいいですか？」

『酒がいい。』

「分かりました。」

スピリッツと交流する場合、この手土産が重要なポイントになる。

人間同士でも、何かでお世話になる時、礼を言いに行く時、謝罪をしに行く時、手ぶらではなく手土産を持っていくだろう。この手土産が相手の好物だったなら、話もしやすくなる。

スピリッツの場合は、この手土産は立派な〝供物〟となるのだ。

スピリッツに何か頼む時、助けてもらった礼を言う時、謝罪する時などには、供物が重要になる。

スピリッツもそれぞれの好みがあるため、本当は供物を捧げるスピリッツに直接聞くのが一番良いのだが、参考までに一般的に好むものを、ここに記しておく。

これまで私は日本の様々なスピリッツ達に、何が好物か、供物は何が良いか、直接聞いてまわったことがある。


男のスピリッツの好みの一位は、酒だった。

日本にいるスピリッツだからなのか、ワインやシャンパンではなく、日本酒を好んだ。とくに力のありそうな男性的なスピリッツほど、酒の要望が強かった。

女のスピリッツや、妖精や小人のようなか弱いスピリッツは、酒より甘いジュースや、飴、蜂蜜、果物などを好んだ。

日本のスピリッツに限るのかもしれないが、男も女も、菓子は洋菓子より和菓子を好んだ。紅白の団子や、笹の葉で包んだ団子や、草団子など、葉の香りが残っているような団子の匂いが好きなスピリッツは多い。

スピリッツ達は捧げ物をしても、その物質を物理的に食べるわけではない。食物の〝力〟

と、〝香り〟を楽しんでいるのだ。

そして、日本のスピリッツは、日本の土地からとれた物をとくに好んだ。もっと細かく言えば、そのスピリッツの住む地方でとれた物が一番良い。

実際に以前、こういったことがあった。

安曇野に、私が普段から親しくしているスピリッツがいる。いろいろなことを教わり、助けられてきた。私は感謝の気持ちから度々供物を捧げ、良い関係を築けている。

ある日、私は買い物の前に、安曇野のスピリッツに直接尋ねた。「今からお供えの果物を買ってきますが、何が良いですか？」すると『安曇野でとれた果物』と言われた。

バナナやみかんと果物を指定されるよりも、産地を指定される方が入手が難しくなり、困ったことがあったのだ。

この時に、安曇野のスピリッツに直接教えてもらった話がある。

例えば、日本のスピリッツにお菓子を供える場合は、洋菓子よりは和菓子。和菓子にするのならば、目新しい新種の和菓子よりは、昔ながらの和菓子。同じ和菓子を買うなら、違う土地で作られた物よりは、供物を捧げたいスピリッツが住んでいる土地で作られた物

※高貴なスピリッツが宿っている安曇野のスピリッツハウス

が良い。

酒なら洋酒より、日本酒。可能ならば、供物を捧げたいスピリッツが住んでいる土地で作られた酒。

果物なら日本でとれた果物。可能ならば、供物を捧げたいスピリッツが住んでいる土地でとれた果物が良いらしい。


あくまで神仏に対してではなく、スピリッツに対しての供物の話であるが、どこまで対応できるかは、捧げる側の熱意と誠意次第である。

・スピリッツの合図

工事開始の日程がわかった後、私はスピリッツ達への手土産を持って、スワミと二人で墓場に出向いた。

各墓、各木に宿るスピリッツに捧げる供物は、酒やジュースの要望が多かった。私は大きな箱に重い供物の数々を入れて両手で持ち、足場の悪い墓場の急な斜面を登った。

まず、入り口の四本の木に宿るスピリッツ達に挨拶をする。

各木の根元に五本の線香をさし、酒をそれぞれの木の前に供えて、礼を言った。

「約束通りお土産を持って来ました。教えて下さりありがとうございました。」

線香というのは、供物の意味だけではなく、〝ノロシ〟の意味もある。

インドの神、タイの神、お釈迦様、イエス様、死者、スピリッツなど、各対象によって、捧げる本数が異なるのだ。例えば、スピリッツの場合は五本となる。死者の場合は一本である。

再び重い供物を持って、スピリッツ達が待ちかまえる墓に辿《たど》りつく。

墓の前の土に五本の線香をさし、酒、甘いジュース、草の香りがする草団子など、各墓のスピリッツの好みのものを、それぞれの墓の前に供え、祈った。

「〇月〇日から、ここで工事が始まります。それはお墓を元に戻すための工事です。どうぞお許し下さい。工事が終わりましたら、また手土産を持ってご挨拶に来ます。それまでどうか怒りを鎮め、お待ち下さい。」

そして三十分程、その場から離れた。スピリッツに落ち着いて供物を召し上がってもらうためだ。

この日はかなり雨が降っていた。供物を墓前に捧げている時も、傘を持ちながらはできず、私はずぶ濡れになってしまっていた。


しばらくして墓に戻ると、スワミが喜びの声をあげた。「スピリッツは喜んで食べたな。これだけの雨の中、線香が最後まで燃え尽きている。」

これはスピリッツからの合図でもある。もしスピリッツに捧げ物をして、途中で線香が消えてしまったら、それは〝気に入らなかった〟という意味になる。そして最後まで消えずに燃え尽きたら、スピリッツは供物を〝気に入ってくれた〟という意味になるのだ。

しかもこの日は傘をささないとずぶ濡れになるほど雨が降っていたが、線香の火は最後まで消えずに燃え尽きていた。

私達は安堵して、帰ることができた。

・スピリッツの意識は家系の一番上の男に向く

一ヵ月後、工事が終わり、二度目の謝罪の儀式に同行した。

儀式の成功を願って、私は謝罪の儀式の供物とは別に、再びスピリッツへの手土産を持参していった。スピリッツ達のご機嫌をとるためだ。

手土産だけでも酒やジュースなどが何十本もあるため、持ち運ぶのに苦労したが、なんとか目的の墓に辿り着く。

私は木と墓石に宿るスピリッツに挨拶をして、手土産を捧げた。

「私がここへ来るのは最後かもしれませんが、今日は何卒宜しくお願い致します。」

実はこれは大事な一言なのである。

しばらく来られないとわかっている場合は、供物を捧げ「しばらく来られませんが、何卒。」と一言挨拶しておくと、しばらく行かなくてもあまり問題がない。

「またすぐ来ます。」と言っておいて、行かない方が問題が起きる。

スピリッツに対して出来ないことは、軽い気持ちで約束をしない方が良い。
安易に「願いが叶ったら、〇〇をしますから、お願いします。」など祈る人がいる。忘れた頃に願いが叶い、自分がした約束事も忘れ、約束を守らなかったら？　願いが叶うよう力を貸してくれたスピリッツの怒りをかうことになる。
人間同士と違い、声に出さずとも心の中で祈ったことも、約束したこととしてとらえられるので注意しなければならない。

以前夫妻にお願いした通り、墓場から墓碑と柵が撤去されていた。長の墓石は元の場所に戻され、自然の石を台座にし、高さも元通りになっていた。注意深く視ていったが、スピリッツ達の怒りが感じられることはなかった。

儀式の準備をし、スワミ司祭によるスピリッツに対する謝罪の儀式が始まった。私はあえて前回の儀式の時と同じ場所に座り、スピリッツ達の様子を伺った。前回は、スピリッツ達がこれまでの不満を抑えきれずに憤り、謝罪の儀式中も、私に激しく訴えかけてきたが、今回は儀式が始まる前からとても静かであった。

儀式が始まった。司祭のマントラが響きわたる。
スピリッツ達が静かに謝罪の儀式を受け入れているのがわかった。

儀式は無事成功した。スワミの司祭としての実力があるからこそである。そして可能な限り墓を元通りに戻そうと、依頼者である夫妻が懸命に努めてくれたからだ。

ただ、ご主人の方が体調が悪く、今回はご主人だけが来れなかった。前回の儀式の時に、スピリッツが怒っていた相手は、そのご主人だった。ご主人ひとりにスピリッツの怒りが集中していたのだ。

スピリッツの問題をこれまでいくつも見てきた限り、たとえお金を出したり、主導権を握っているのが女性の方であっても、不思議とスピリッツはその家系の一番上の男性に意識がいく。一家の長となるものが一番の標的である。

もしもこの男性がとても守りの強い人であれば、その息子に意識がいく。息子も守りが強い場合、次は奥さんに意識がいく。

家族に問題が出れば、結局その男性も困ることになるからである。

私はその日ご主人が来ていないことだけが気になり、心配になった。

「後日体調が良い時にお墓に来て、〝先日は体調が悪く行けずに申し訳ありませんでした。〟と、一言スピリッツに謝罪して下さい。」

ご主人に伝えてもらうよう、奥様にお願いした。

・スピリッツの問題と寿命

このご主人は、一時期は命にかかわる病気に陥ったが、スワミのヒーリングを受け、その病の本当の原因も解決できたので、病は治っていった。

それからしばらく経った時のことだった。このご主人が亡くなった、と連絡が入ったのだ。

私は悲報を聞いた時に（まさかスピリッツの怒りがまだおさまっていなかったのだろうか）と心配した。

念のため、墓石に宿るスピリッツに聞いてみると、『自分達は関係ない』と返事があった。スピリッツとしても、何でもかんでも自分達のせいにされても迷惑なのだ。

私はスワミと一緒に通夜の前、ご遺体が安置されているご自宅に訪問することになった。そして、ご遺体と対面した。

亡くなったご主人は、ご遺体の横に立っており、ニコニコした笑顔でこちらを見ていた。ご主人を見て、死因がスピリッツではない、ということがわかった。スピリッツが怒ると、バッドエナジーが大量に発生する。しかしバッドエナジーはなかった。

〝バッドエナジー〟というのは、物質ではないので物理的には見えないものだが、〝悪い気の塊〟のようなもので、私には黒い煙のように見えている。

スピリッツを怒らせている人は、バッドエナジーに覆われているのだが、魂だけになったご主人を見ると、一切濁りのない、とても美しい状態であった。


スワミに聞くと、このご主人は寿命の約一ヶ月前くらいで亡くなったそうだ。別の章でまた詳しく説明するが、寿命と肉体が滅ぶ日は別である。

スピリッツの問題が大きいと、肉体に影響が出て、肉体の滅ぶ時期が早まる可能性がある。このご主人は、長年スピリッツの問題があったため、病に苦しんだ時期はあった。しかし、スワミのヒーリングも受け、スピリッツの問題も解決したので、ほぼ寿命を全うできたようだった。


余談であるが、亡くなってもまだ肉体が焼かれてない場合、魂は遺体からあまり遠くは離れない。離れられないというよりは、気になって離れようとしない、という感じに見える。

このご主人の場合、最初は皆がご遺体を囲んで話をしていたので、皆と一緒に自分の遺体を囲んでいた。皆と肩を並べ、頷きながら一緒にスワミの話を聞いている。

しかしその後、同じ部屋にある机を囲んで皆で話をしていた時には、こっちに来るかと思いきや、皆の方を見たり、自分の遺体を見たり、そわそわとしていた。ご遺体と机の中間地点で止まり、落ち着きがない。

そしてその部屋の扉が開いて孫が入って来ると、ご主人は嬉しそうに孫にかけ寄ろうとしたが、また自分の遺体を気にして戻った。

机を囲んで皆の真面目な話し合いが続く。

「なるほど。そうなんですね。」と私は静かに頷きながらも、ご主人の動きが気になって仕方がなく、横目でチラチラ見る。

ご主人の方は、自分の遺体と家族と客人を気にして忙しそうだ。

こういったことは、その場で実況中継したくなるが、現場は悲しみにくれているので、そうは話せない。

残された人達は、二度と動かなくなった故人を惜しみ嘆き悲しんでいるが、亡くなった側は、自分はまだそこに現前に存在しており、皆の様子は全て把握できるので、それほど寂しさを感じていないのだ。

だいたいは残された人よりも、亡くなった人の方が明るい。

そして火葬場で遺体が焼かれる時に一番戸惑《とまど》っているのは、他の誰でもない、亡くなった本人なのである。

・奇跡のヒーラーとスピリッツの問題

私の師であるスワミは、様々な儀式をおこなう司祭だけではなく、奇跡を起こすヒーラーでもある。

スワミは表舞台に一切出ないため、知る人ぞ知る人物だが、スワミの活躍は、日本だけに留まらず、途上国の貧困層の人々、母子感染のエイズの子供達、世界各国の芸能人、著名人、政治家、王族、あらゆる人を助けてきた。

エイズの子供や、病院から見放された末期癌患者の病が完治したり、目が見えない人が見えるようになったり、歩けない人が歩けるようになったり、スワミが起こす数々の奇跡を私は傍《そば》でずっと見てきた。

しかし、そのような素晴《すば》らしいヒーリングで病が治っても、スピリッツの問題があればどうなるか。もしも病の原因となったスピリッツの問題を見い出せず、それを解決しなかった場合、次から次へと問題が出てくる。今度は違う病が発症したり、または精神的に症状が出たり、大変な事故、事件に巻き込まれることになるのだ。

スワミのもとには、日に何十人と患者が来る場合もあるが、私が見る限り、十人にひとりはただの肉体の問題ではなく、スピリッツの問題が関係している。スワミはヒーリングのみならず、スピリッツの問題を解決する力も圧倒的である。その病の本当の原因を正しく見い出さなければ、ヒーリングは成功しない。

原因がスピリッツの問題であれば、別の対処をしなければならない。いわゆるエクソシズムである。スワミは本物のエクソシストである。

私が個人でスピリッツの問題などを視る鑑定の仕事をする前は、スワミに協力して、視るのはウズメ、解決はスワミ、という流れであった。

スワミのもとには、様々な問題を抱えている人達が救いを求めてくる。

私はスピリッツを視る力が特出しているため、スピリッツとの直接交渉で解決できる問題は、私で完結する場合もある。だが大きな問題の解決は、スワミにしか出来ないことが多い。

あらゆる病気、不運は、人間の肉体事情や、運だけのものではない。非物理的世界の存在が関わっているのだ。

あなたの家系に代々続く、同じ病はありませんか？　あなたの家のお墓は大丈夫でしょうか？

ご先祖様が怒っていることはありえません。

しかし、墓石に宿るスピリッツを怒らせてはいませんか？

第二章

仏壇を替える前に

＝仏壇に住まうスピリッツ＝

・仏壇の本当の意味

仏壇を捨てた、新しい仏壇に替えた。その後、家族が病気になった。これはよくある話である。

こういったことが起きた場合、多くの日本人は「仏壇を捨てたから、ご先祖様が怒っておられるのだ！」と思うのだろう。

でも本当にそうだろうか。あなたのご先祖様の魂は、仏壇やお墓に宿っているのですか？　そしてあなたのご先祖様は、子孫を病気にすることで自分の不満を解消しようとするような、そんな人間性の悪い人だったのですか？

死んだら魂はどうなるのか、本当の死後の世界を正しく学べたならば、そのような考えは無くなるはずだ。

最初に多くの日本人の〝勘違い〟を明らかにしておく。

仏壇というのは、〝仏を祀る壇〟である。すなわち、仏陀を祀る場所であり、死者を祀る場所のことではない。もし死者を祀るのなら、それは〝死者壇〟と呼ばねばならない。日本人は「死んだら仏になる」と言い、故人を「仏様」などと呼ぶ。このことが、大きな誤解と間違いの始まりなのである。

仏というのは、仏陀の〝仏（ブッ）〟をさすのだ。

そもそも〝BHU（ブッ）〟は、サンスクリット語で〝覚者〟の意である。その言葉がインドから中国へと伝わり、〝BHU（ブッ）〟の発音に最も近い漢字が〝仏〟だというだけのことだ。

〝仏陀〟というのは、個人名ではなく総称であり、悟りを得た者〝覚者〟のことだ。仏陀の代表的人物の名が、シャカ族の王子ゴータマ・シッダールタである。日本でお釈迦様と呼ばれている人物である。

仏壇は故人に話しかけたり、ましてや先祖に願い事を言う場ではない。本来の意味通りならば、仏壇は仏陀を祀る場所である。

しかし残念ながら現在の日本では、完全に間違えたことをしているのだ。

・本当の先祖供養とは

ところで、よく巷《ちまた》では「先祖供養が大切だ！」と言っているが、「先祖供養とは何ですか？」と問うて正しく答えた人に出会ったことがない。

「僧侶を呼んでお経を唱えてもらう」

「故人が好きだった食べ物を供える」

「仏壇を綺麗にする」

「親族が集まり故人の思い出を語る」

「仏壇の前で話しかける」

一見正しそうな答えが返ってくるが、全て的外れである。

そもそも〝供養〟とは、〝供物を捧げる〟という行為のことである。

お釈迦様や、神や、神聖な存在に、なぜ供物を捧げるのであろうか。それは、この行為が〝徳分〟を生み出すからである。徳分については、後述する。

前述した通り、仏壇は死者壇ではなく、仏陀（お釈迦様）を祀る壇である。現在の仏壇は、基本的にその上部に、お釈迦様であったり、大日如来であったり、様々ではあるが、神聖なる存在を祀っている。

仏壇は、お釈迦様や神聖な存在に対して供物を捧げる場所である。神聖な存在に供物を捧げた善行為により徳分が生まれる。

そして先祖に捧げるため、「この徳分を先祖の誰々に捧げます」と祈る。

亡くなったご先祖様に対して〝子孫が唯一できることは、徳分を捧げること〟なのである。つまり、先祖のために、神聖なる存在に供物を捧げて徳分を作り、それを先祖に捧げる。「先祖のために神を供養する」が正しい表現であり、それを短縮して「先祖供養」となってしまった。そのために、誤解が生じ、直接先祖に働きかけることが「先祖供養」と考えられるようになってしまったのである。

仏壇には位牌があり、位牌には先祖の名、没月日、享年、などが書いてある。仏壇では徳分を捧げたい先祖のことを、正式に言うことが出来る。

〝家庭の中で徳分を生み出すことができる場所〟が、仏壇なのである。

仏壇の本当の意味と、正しい先祖供養の手法を学べていれば、仏壇はとてもありがたい場になる。

仏壇はそこに祀られている神聖な存在に供物を捧げ、徳分を作り、その徳分を先祖に送ることをおこなう場所なのだ。


仏壇は先祖に徳分を送ることができる場所ではあるが、非物理的世界に住まう様々な存在達を見てきた私の経験では、仏壇自体にご先祖様の魂が宿っているのを見たことはない。先祖の魂が永遠に仏壇に居続けることはありえない。


だが、仏壇を粗末に扱うと、悲劇が起こるのは事実である。

では、そこには一体何があるのだろうか。

・スピリッツ鑑定

私は幼い頃から様々な経験をしてきたので、スピリッツの問題を視い出し解決する、〝スピリッツ鑑定〟を依頼があれば引き受けていた。

この内容は、カウンセラーや、占い師とは、全く異なる。

私は幼少から備わっていた第六感に、苦しんでいた時期があった。

だがその後、スワミをはじめとする素晴らしい師達との出会いがあり、数々の叡智を学び授かり、師の下での修行による鍛錬によって、個の能力を大きく発揮できるようになっていった。私が道を間違えないように、力を正しく使うよう、つねに師が導いてくれた。

特殊能力によってスピリッツの問題を視い出し、授かった叡智によって解決策を出し、その解決に至るまでを、〝スピリッツ鑑定〟と名付け、私は活動するようになっていったのだ。

スピリッツ鑑定の依頼があった場合、可能な限り現場に行く。依頼者の相談内容を聞くだけではなく、現場のスピリッツ達にも直接話を聞くためだ。

そのため、私に嘘は通用しない。

こういう例がある。

依頼者が「うちは庭を大事にしていて、毎日花や木にお水をあげているんですよ。」と、にこやかに話す。

それは良いことだなと思い、庭にいるスピリッツ達に話を聞いてみる。するとスピリッツは怒っている。『毎日なんかしてないよ。それどころか、あいつは勝手にあの木を切ったのだ！』

「あの木を切った覚えはないですか？」と依頼者に尋ねると、「はい……昔そういうこともありました。」という答えが返ってきて、真実が発覚する場合もある。

人間は数十年前のことは忘れているか、自分が生まれる前のことは知らないこともある。しかし、土地に住むスピリッツというのは、現在住んでいる人間よりも、はるか昔からそこに住んでいる場合が多い。


例えば人に「この家の前の道路は昔もっと狭かったでしょう？」と聞くと、「いやぁ、子供の頃からそんなに変わってないと思いますけど。」と返答される。

しかし、その土地のスピリッツに聞くと『昔はこのまわりは木と土と砂利ばかりだった。だが家の前はコンクリートで埋められ、大きな車が走るようになった。家の後ろには病院が建ち、ほとんどのスピリッツ達は逃げて行ったんだ。』と教えてくれる。

そして、それを人に伝えると、「確かにそうだった。」と思い出す場合がある。スピリッツに聞いた方が早い場合も多いのだ。

この人間とスピリッツの発言の照らし合わせも、スピリッツ鑑定のやり方ならではなのだ。

・スピリッツとの会話の手段

ある仏壇を鑑定した時の話である。依頼者から連絡があった。

「実家の母の引越しが決まり、一緒に住むことになったので、実家を取り壊します。実家の仏壇は、枠組みが家と同化しているため、動かすことができません。仏壇を替えたくはないのですが、どうしようもない。視てもらえませんか。」

私は現場に行った。仏壇を視ると、男女のスピリッツが二体、住みついていた。

これは珍しい。私が見てきた限りは、仏壇にスピリッツが居る場合、男のスピリッツが

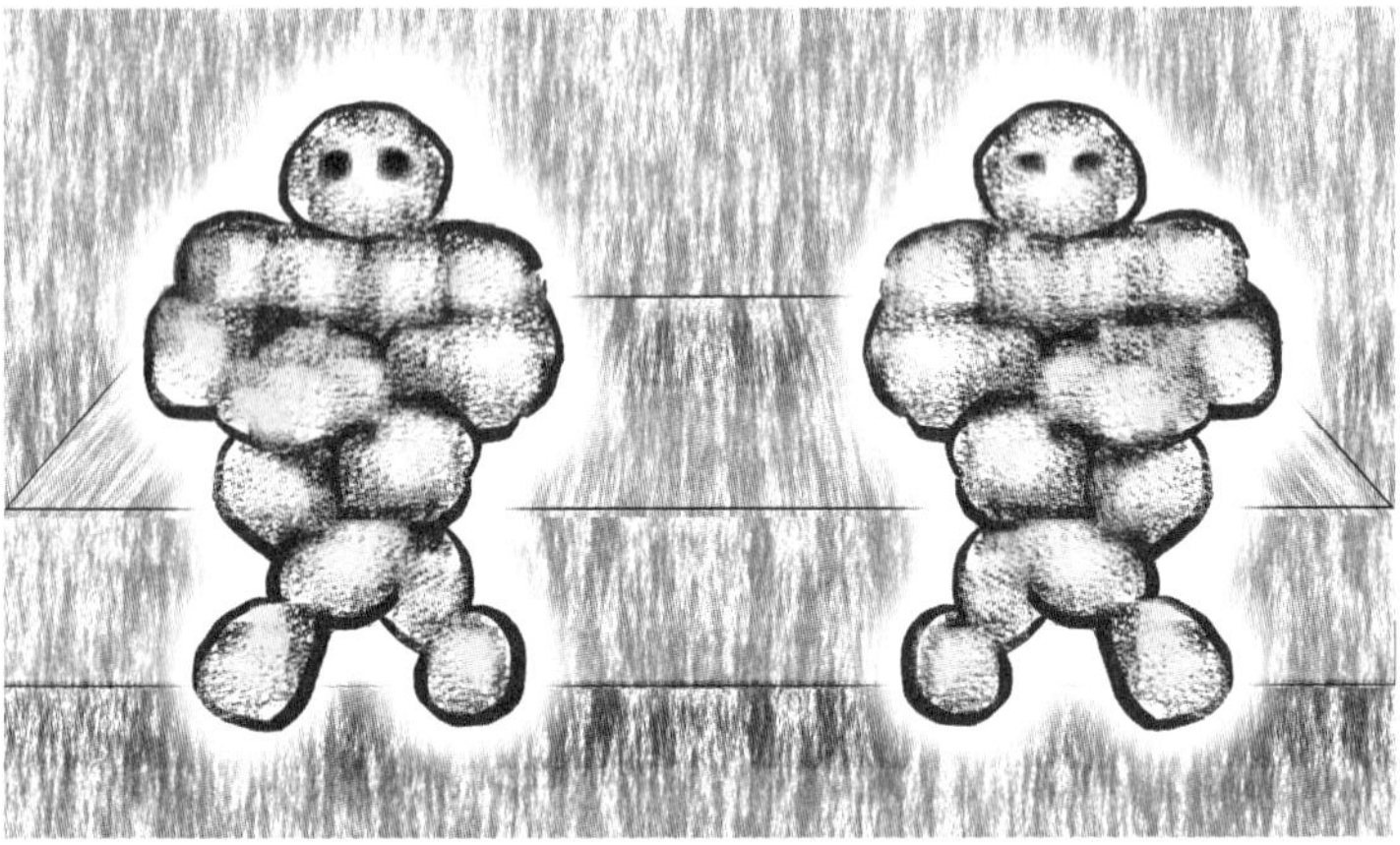

一体というのが多かったのだ。
仏壇の中段の左側に女のスピリッツ、右側に男のスピリッツがいた。
スピリッツは、人型であったり、液状であったり、姿は様々である。この仏壇に居るスピリッツは二体共、人型のスピリッツであった。腕を組み、足も組んだ状態で、段に腰掛けている。その男女のスピリッツは丸々と太っていた。
話しかけてみたが、返事はない。

私の場合、スピリッツと対面した時の様子が、大きくわけて三つにわかれる。
①スピリッツの姿も見えて、話もできる。
②スピリッツの姿は見えるが、話ができない。
③スピリッツの姿は見えないが、話だけできる。

この仏壇のスピリッツは②の、姿は見えるが話ができない、という類であった。見えたはいいが、話ができないと、あらゆる判断が難しくなる。こういう場合はどうするかというと、私と話ができるスピリッツを探しに行くのだ。

庭がある家だったので、庭に出てみた。何本かの木にスピリッツが宿っていた。人間の家の敷地内の木や花や石などに宿っているスピリッツは、姿は鮮明に見えないが、話ができる場合が多い。それは向こうが私に、何か聞いてもらいたい話があり、話す意思があるからなのだ。

私は木に宿るスピリッツに声をかけた。「ここは引越しで○月○日に取り壊すから、その前に逃げた方がいい。」

すると木に宿る一体のスピリッツから返事があった。『自分はここを動かない。自分には役割があるのだ。』

「そう。ところで、仏壇にいるスピリッツはいつからあそこにいるの？」

『あれは昔はこの土地にいた小さなスピリッツだった。人間が仏壇を大事にしているのを見て、あそこに住みかを移した。あそこは今は力のある場になっている。その力をどんどん吸収して大きくなっていった。』

やはりそうか、と思ったことがあった。

・〝天の扉開き〟で出現した神聖物とスピリッツによる影響力

タイに〝アチャン・バラミーターン〟という司祭がいる。タイの高僧達が認める偉大な司祭である。そして私の大切な師のひとりである。

アチャンは儀式によって、〝無から有が生じる物質化現象〟を起こすことができる。この儀式を〝天の扉開き〟という。そしてこの儀式によって、出現したものを〝神聖物〟という。

※天の扉開きの儀式によって出現した神聖物

神聖物は、天の扉開きの儀式に参加した者のみが授かれる。神聖物には、強烈な力があり、授かった人は恩恵を授かれる。神聖物の種類によって、恩恵も様々である。

※神聖物は、司祭の力によって、仏像の形など様々な形で出現する

※天の扉開きの儀式の様子

※天の扉が開いた瞬間

天の扉開きは、宇宙出現のビッグバンと同様の現象が起こる。

激しい爆発音を伴って発生し、それに伴い、様々な物質が出現する。

金属状の物、鉱物状の物、クリスタル状の物等が多数物質化し、出現するのだ。

依頼者家族は、天の扉開きの儀式に参加したことがあり、神聖物を授かっていた。家族全員がとても信仰深い人達で、この家の仏壇には神聖物が祀られていたのだ。

木に宿るスピリッツに聞いた話では、神聖物が祀られるもっと以前から、そのスピリッツは仏壇にいたらしい。お供え目当てで住みだしたそうだ。

神聖物は非常に崇高な強い力がある。神聖物が祀られた場合、その場から悪い存在は逃げていくが、悪いスピリッツではないようで、そのまま仏壇に居ることができたらしい。その仏壇に祀られている神聖物は神聖な力を放っている。また、仏壇というのは、日本人の風習から、欲や悲観的な想いが溜まりやすい場である。もともとお供えの食べ物目当てで、居座っているスピリッツだったため、仏壇の中の良い力、すなわち神聖物より発する力と、悪い力、すなわち、その家族の欲や感情による力とを溜め込み、私から見ると丸々太ったスピリッツに見えたのだ。

神聖物というのは、スピリッツよりもはるか高尚な存在が宿っており、神聖物の種類によっても、特徴がある。
例えば、お金が溜まる恩恵の神聖物を家に祀ると、その家から余計なお金が出ていかなくなったり、その神聖物を身につけていると、自然と無駄使いしなくなり、貯金ができるようになるのだ。

同様にスピリッツが家の中に住んでいる場合も、そのスピリッツの特徴が、家に住んでいる人間に影響する。

こういう溜め込み型のスピリッツがいると、その世話をしている人間も同じように、〝手に入れた物は手放したくない。捨てたくない。いろいろな物を持っておきたい。蓄えたい。〟という思考回路になるようだ。そのため、家の中は〝物〟であふれてしまう。

私はその家の家族に、仏壇にいたスピリッツのこと、木に宿るスピリッツから聞いた話などを説明した。確かにその仏壇をお世話していた年配の女性は、物を捨てられない人で、物を蓄える癖がある、とのことである。

・スピリッツ鑑定の解決策

私は最初にしてもらうことを、依頼者家族に伝えた。

「仏壇と、家のあそこと、庭のあの木とあの木にスピリッツがいます。家を取り壊す前に、〝○月○日にこの家は無くなります。その前に逃げて下さい。〟と祈り、家と庭にいるスピリッツに伝えて下さい。注意点は、たとえ本当はそうであっても、〝自分の決定でこの家を壊すのだ〟という意味にとれる発言を、絶対にスピリッツにはしないように。スピリッツの怒りをかうことになります。そこからスピリッツの意識がずっとこちらに向くようになってしまいます。〃この場所が無くなってしまうので、どうか逃げて下さい。〃と親切に伝えることです。スピリッツ達は一般的に工事が始まれば、嫌がって逃げていきます。ただ、あの一番端の木に宿るスピリッツだけ、何かプライドのようなものがあり、『自分には役割があるから、ここに居る。』と言っていました。」という話をすると、家の人が言うには、その木は南天の木で、寺の行事で僧侶が来られた時に、南天の葉を儀式に使っていたらしい。

私は、その依頼者家族にこう続けた。

「なるほど、それでスピリッツは誇りと責任を持ったのですね。では、工事までに南天の木の一部を鉢に移し替えて下さい。スピリッツを鉢植えの木に移動させる儀式を行います。その後、そのまま引越し先に鉢ごと持って行きます。そして、スピリッツに、これからは新しい土地で過ごしてもらうように、祈ります。後日、南天を鉢植えから新しい土地に植え替えて下さい。新しい土地に移ってからも、今と同じような役割で、南天の葉を使ってあげた方が良いです。」

仏壇の説明もした。

「仏壇は移し替える前に、スピリッツの宿る対象になる人形を二体用意して下さい。私が指定する供物も用意して下さい。次に来た時に、スピリッツを人形に宿らせる儀式を行います。人形ごと新しい仏壇に連れて行きます。今の仏壇の中に置いてある物は全て持っていきます。それを新しい仏壇の中に可能な限り同じ配置で置いて下さい。配置が終わったら、スピリッツに、これからは新しい仏壇で過ごし、家の人と仲良く暮らしてもらうように、祈ります。」

その日のスピリッツ鑑定は終わった。

・お寺の閉眼供養との違い

〝スピリッツ鑑定〟というのは、視るだけではなく解決するまでが仕事である。

そのため、一回目が主に鑑定になる。人間とスピリッツの話から状況を把握し、本当の原因を視い出し、その解決策を依頼者に教える。

その後準備を整え、二回目の訪問で解決する場合が多い。

そして中には私の力だけでは対応できない困難な問題は、私の師であるスワミをお呼びし、助けてもらう場合もある。

この家は神聖物を祀っているため、悪いスピリッツはおらず、スピリッツが怒っているわけでもなかった。その場所を気に入って居ついているスピリッツに「ねぇ、こうしてあげるから、引越そうよ。」と上手に交渉するだけなので、スピリッツと交渉し慣れている私にとっては、軽度の問題であった。

普通の人は何もわからないため、仏壇を替えたい時にはスピリッツが住んでいる仏壇ごと処分するのであろう。それは穏やかなスピリッツでも怒る。人間も何の相談も提案もなく、いきなり自分の家を壊されたら誰でも怒るだろう。

「仏壇やお墓を替える時には、お寺さんに閉眼供養をしてもらうから大丈夫。」という意見もあるはずだ。何もしないで仏壇やお墓を替えるよりは、ご縁あるお寺の僧侶に供養してもらった方が良いだろう。

しかしその僧侶は、本当のことが見えていますか？　状況判断はできますか？　どのような存在が、何を目的にそこに宿っており、今どこに居て、何を怒っていて、どうしてほしいと思っているのかが、本当にわかる人ですか？　そして、そのような説明をしてくれますか？

スピリッツの意見を無視して、一方的に儀式を進め、仏壇を処分するのは、危険と隣り合わせである。

私のやり方は、日本の僧侶の閉眼供養や開眼供養のやり方とは全く異なる。

〈新しい仏壇に替える場合〉

①まずその仏壇にスピリッツがいるかどうかを確かめる。
　そのスピリッツの種類も見定める。

②そのスピリッツが納得してくれるような良い提案をする。
　引越ししても良いか、直接スピリッツと交渉する。
　もしスピリッツが『嫌だ』と言った場合は、他の方法を考える。

③『引越ししても良い』と承諾が得られた場合。

家の人にスピリッツの宿る対象と供物を用意してもらう。

後日スピリッツを宿る対象に移す儀式を行なう。

④仏壇の中の物は一切捨てない。
仏壇の中の物は、新しい仏壇の中に、以前の仏壇と全く同じ配置で置く。

⑤新しい仏壇に宿る対象を置き、供物を捧げ祈る儀式を行なう。
〝これからこの新しい仏壇で過ごして下さい。家の人と仲良くして下さい。〟

スピリッツに直接お願いをする。


仏壇の中の物を一切捨てずに移すのは、理由がある。

その仏壇を家として気に入って住んでいるスピリッツからすると、自分は引越しをしたいわけではないのに、人間の都合で急に新しい場所に引っ越さなければならない。せめて家の中の物は勝手に捨てずに、なるべく家の中の環境は同じにする、というスピリッツに対する配慮である。

人間も無理やり引っ越しを強制されて、承諾したものの、勝手に慣れ親しんだ家の中の物を捨てられたら怒るであろう。

もし人間側が捨てたい物がある場合は、ひとまず新しい仏壇に移し、後日落ち着いてから、少しずつ捨てるようにする。

人間とすでに関わっているスピリッツに対しては、その場は無意味に怒らせないように、スピリッツ側のことも考え、お互いが承諾できる良い提案をしてあげなければならない。

結果これが家の人を災いから守ることになるのだ。

・スピリッツとの交渉術

約三週間後、私は仏壇に住むスピリッツと、南天の木に宿るスピリッツとの交渉と引っ越しの儀式のため、再び同じ家にやって来ていた。

まず庭の南天の木のスピリッツの所に出向いた。家の人が植木鉢に南天の木の一部を移し替えてくれていた。

南天の木に宿るスピリッツは男であり、事前に尋ねた供物の希望はやはり日本酒であった。その他に私からの申し出で、紅白の団子も家の人に用意してもらった。

人間はお祝い事に、紅白の団子を使うことが多い。それはあくまで人間事であって、スピリッツにとってはどうでも良いことである。しかし、人間と一緒の土地に長く住む日本のスピリッツは、〝人間は紅白の前では明るく、黒白の前では暗い〟ことを知っている。

そのため、交渉時に私がスピリッツに対して「これは悪いことではなく、めでたいことなのです。」と訴えかけるのに役立つのだ。


南天の木に宿るスピリッツとの交渉と引っ越しの儀式を始めた。

タイのアチャンがある手法によって制作した聖水の素を使って、私は特別な聖水を作り、それを庭に撒き清めた。

そして、庭の南天と植木鉢の南天に儀式用の紐を結ぶ。

線香と供物を捧げ、「ここよりもっと良い場所に引っ越しますから、どうぞこちらに移って下さい。お運びします。そこで同じ仕事も待っています。またお力を貸して下さい。宜しくお願いします。」と丁重にお願いした。

神聖物の力も借りて、スピリッツに鉢植えの南天に移ってもらうよう誘導する。

スピリッツとの交渉時に大切なのは、〝今よりもっと素晴らしくなりますよ〟と上手に提案することだ。スピリッツの要望も聞くだけ聞くが不可能が多いため、人間が出来る範囲のことで代替案を出す。

相手が悪いスピリッツの場合は交渉の必要はない。交渉ではなくエクソシズムが必要になる。しかし元からその土地に住んでいるスピリッツは、スピリッツの方も被害者なのである。

土地に宿るスピリッツが怒っているのは、〝人間が後から来て自分の住みかを奪い、酷いことをしたために怒っている〟という理由がほとんどである。

それを許してもらうために、スピリッツにとっても良い提案をし「これでどうだろうか？」という交渉が必要になるのだ。

前述の墓場のスピリッツの例のように、スピリッツが激怒していると、交渉も難しくなり、儀式も後日やりなおしになる可能性があるため、なるべく怒らせないように話をする必要がある。

この南天の木に宿るスピリッツは怒ってはいなかったが、誇り高く、頑固な気性であった。

儀式中、鉢植に移るようスピリッツに促すと、あることに気がついた。

それまで一体のスピリッツと話しをしていたので、南天の木に宿っているのは一体だけだと思い込んでいたが、わらわらと何体ものスピリッツが鉢植えの南天に移った。

そして私と話していた肝心の主たるスピリッツは『自分はここに残る。』と言った。

「ここは無くなるのだから、残っても仕方がないでしょう。新しい場所で同じ仕事が出来るのだから、そっちの方が良いでしょう。」と説得したが、移らない。

そして残ったのはその一体だけではなく、何体かのスピリッツが残った。

私と喋っていたのが、南天の木に住むスピリッツ達の長で、長が動かないので、長を慕うスピリッツ達も動かないようだ。

鉢植えに移ったスピリッツ達は、南天の木に宿った中では新しい組で、残ったスピリッツ達は、古い組のようだった。このへんは人間社会の構図にも似ているので、少し笑いそうになったが、儀式の最中なのでそうもいかない。

(事情を説明した上で、スピリッツの意思で残るのなら仕方がない。行きたいスピリッツは移ったのだから、それで良しとしよう。)と考え、強制的に全員移すことはしなかった。

ここで、全員移すには交渉や説得だけではなく、脅しも使わないといけない。その場合は私も危険になるため、あまり良い手段とはいえない。

南天の木は依頼者家族の承諾を得て、引越し先へ一部持っていけることになった。当然ではあるが、庭の他の木々は持っていけない、とのことだった。

他の木に宿っているスピリッツには、南天の木とは別の儀式を行った。特別な聖水を撒き場を清め、スピリッツが宿る木の前に線香を捧げる。

私はスピリッツに祈った。

「今までありがとうございました。家の人達も皆感謝しています。○月○日にここは無くなるので、それまでにどうか逃げて下さい。」

依頼者家族にも、お別れと、これまでの感謝の気持ちを伝えてもらうために、一緒に祈ってもらった。

スピリッツとの別れの際は、スピリッツに対して感謝の気持ちを述べるなど、良い気持ちで声をかけることが大切である。馬鹿にした一言で怒らせる場合もあれば、思いやりのある一言で了承してくれる場合もある。

庭がある家の住人は、引っ越しの際、注意した方が良い。大切にしていた木、何か特別な思い出がある木は、スピリッツが宿っている可能性がある。もしも、力のあるスピリッツが木に宿っており、その木を傷つけた場合は、引っ越し時に災難が降りかかる恐れもある。

一番の安全策は、どの木にどのようなスピリッツが宿っているかを見定め、スピリッツの対処ができる人を呼び、引っ越し前に適切な儀式を行うことである。

それが叶わない場合は、スピリッツに対して誠意を持って考え、自分で行動することだ。スピリッツ側のことも一度考えてみてほしい。自分が慣れ親しんだ住みかを、ある日一方的に奪われてしまうことを。

たとえ目には見えなくとも、何かをする時には、こういったスピリッツ達のことも考え、配慮ある行動をしてほしい。

・お供えの効力

次に仏壇に向かった。前回は仏壇の中央段の両側にスピリッツが座っていたが、今日は下段の、ちょうど人形を置く予定の場所にスピリッツが座っている。
(スピリッツ達は、今日の儀式のために、準備をして待っていてくれたのだろうか。)

依頼者家族の奥様は、スピリッツが宿るための人形を制作する仕事をしていた。私は「今回は仏壇の雰囲気に合うような人形にして下さい。」と頼んでおいた。すると土雛のような日本風の人形を作ってくれていた。

これは大事な点なのである。その場所を気に入って住んでいるスピリッツの宿る対象は、〝その場所の雰囲気を壊さない物〟にした方が良いのだ。

仏壇に人形を置き、人形の前に準備してもらっていた供物を置いた。今回の供物は、水、紅白の団子、蜂蜜を用意してもらった。

外のスピリッツは酒や肉や魚を好むことも多く、必要に応じてそれらの物を儀式の供物として捧げないといけない場合もある。しかし私は家の仏壇の中にいるスピリッツに対しては、酒や肉や魚を供えるのはお勧めしない。

非物理的世界の存在は、位の高い神聖な存在ほど酒や肉は好まない。低俗な存在ほど、酒や肉を好む。そのため、家の中に神聖ではない存在を招く行為はしない方が良い。

特にこの家の仏壇の男女のスピリッツは、いろいろな力を溜め込む癖がある。酒や動物の死体、すなわち肉や魚などを供えると、仏壇の中に悪い力も一緒に溜め込むことになるので、そういった物は決して供えないように、と説明した。

スピリッツを人形に移す儀式を始めた。線香を焚き、静かに祈る。

「〇月〇日から、この家が無くなるので、安全な場所にお移しします。この人形に移って下さい。もっと良い場所をご用意していますので、そちらにお運びします。ここの家族が用意した供物もどうぞお召し上がり下さい。」

すると、スピリッツはすぐに人形に入ってくれた。

仏壇の雰囲気を壊さない良い人形があるので安心して入れた、というのもあると思うが、人形の前のお供え欲しさに、私の合図をまだかまだかと待ち構えて入った感じであった。

これと似たようなことは、過去にもよく見かけた。

現在日本ではスワミしか行なうことができない、〝スピリッツハウス入魂の儀式〟という大きな儀式がある。私は度々助手で儀式に立ち会っていた。

この儀式ではかなり多くの供物を用意する。

そして「どうぞ、このスピリッツハウスにお入り下さい。」という意味のマントラを、スワミがスピリッツに対して唱える。

そのマントラの最中に、大量の供物を前にしたスピリッツが『なぁ、これはもう食べてもいいのか？』と私に聞いてくることがよくあった。

ウズメ「まだよ。後で供物を食べて下さいのマントラがあるから。このマントラが終わるまで待って。」

スピリッツ『家にはもう入っていいのか？』

ウズメ「だから、今が家に入って下さいのマントラだから、今入らなきゃ。」

スピリッツ『家に入ったら、これ食べてもいいのか？』

ウズメ「早く家に入って！　マントラが終わっちゃう！」

漫才のような話だが、このやりとりは何度も経験した。基本的に日本のそのへんのスピリッツはあまり高尚ではなく『供物さえくれたらいい』というのが多い。

仏壇のスピリッツも供物目当てで、すんなり人形に入ってくれた。

そして依頼者家族の協力の下、人形と一緒に仏壇の中の物も全て引き上げ、新しい家へ移動した。

その後、私は別の相談者の鑑定があったため、新しい仏壇での配置の再現は、依頼者家族にお願いした。


しばらくして、完成したと連絡があり、まず南天の鉢植えを置いた場所に行った。南天の鉢植え手前の土に線香をさし、祈った。「今日から、ここが新しい居場所ですよ。これからもこの家族に協力してあげて下さい。」

そもそも引越しを承諾したメンバーが鉢植えに移ったので、何も問題はないようだった。


次に仏壇を見に行くと、スピリッツが人形に入ってなかったため、一瞬（あれ⁉）と焦ったが、スピリッツは仏壇の上段にいた。

スピリッツに宿る対象に入ってもらった場合、しばらくは定着していないことが多い。宿る対象というのは、そこに封じ込めるわけではなく、いったんそこに寄りついてもらうための物なので、しばらくはスピリッツが宿る対象の周辺をうろちょろしているのを見かける。

これまで、移動させたスピリッツの動きを観察していて、わかったことがある。

スピリッツを宿る対象に定着させる最も良い方法は、スピリッツの好物のお供えを宿る対象の手前に置き、手を合わせて拝んだり、宿る対象を大切にする。すると、そこに居ると良くして貰えることをスピリッツが覚え、スピリッツ自ら好んでそこに居るようになる。

このため、お地蔵さんにはスピリッツが宿っている場合が多い。良い関係性ができれば、スピリッツが味方になってくれ、時にはお願いを聞いてくれることもあるだろう。

また逆に、人間側のスピリッツに対する意識が徐々に薄くなって、宿る対象を長く放置し、次に私が来た時にはスピリッツは居なくなっていた、という場合も見てきた。

スピリッツがその場所に興味がなくなり、居なくなった場合は、あまり問題はない。怒らせたわけではないからだ。しかし、その家の人と、そのスピリッツとの縁は終わる。


仏壇に住んでいたスピリッツは、人形と一緒に来てくれていたが、新しい仏壇の中に入ると、また人形から出て好きな所に座っていた。

儀式の準備のため、供物を人形の前に置くと、案の定スピリッツは人形にサッと入った。

儀式を始め、線香と供物を正式に捧げ、祈った。「これからはこちらで宜しくお願いします。ここの家族と仲良くしていって下さい。」
そして、私は依頼者家族に頼んだ。「以前は宿る対象がないため、スピリッツは仏壇の中を好き勝手に移動していました。これからはこの人形がスピリッツの居場所になります。人形に定着するよう、しばらく人形の前にお供えを置いて、人形を大事にするようにして下さい。」

その家族のご主人に「仏壇の中に祀っている神聖物は自分のだから、母の神聖物と交換して良いだろうか？」と聞かれたが、「引越し当日は、仏壇の中はなるべく変えないで下さい。その場所にスピリッツが慣れた頃、様子をみて変えた方が良いです。」と説明した。

奥様からは、「前より家が狭くなったんです。スピリッツの影響で、母が物をあまり溜め込まないように、スピリッツにお願い出来ませんか。」と言われたが、「今日はスピリッツがついて来てくれただけで十分だと思って下さい。あまり引越し当日に、ああしてほしい、こうしてほしいなど、スピリッツにいろいろ注文はつけない方が良いのです。スピリッツにお願いをする場合は、これからお供えをしていき、大切にして、家の人と良い関係が作れてからにした方が良いです。」と話した。

この日の儀式は全て終了し、ことなきを得た。

・仏壇と故人の写真

私はこれまで様々な仏壇を見てきたが、この家にある仏壇ほど素晴らしい仏壇を見たことはなかった。

神聖物を授かっている人は〝天の扉開き〟に参加した人だけである。さらに仏壇に神聖物を祀るには、家族の理解が必要になるはずだ。この神聖物はタイの儀式で出現したものである。

普通はいくら神聖なものでも、外国のものを日本の仏壇に祀ることは、だいたい家族の誰かが拒否する。とくに日頃から仏壇のお世話をしている人から嫌がられるだろう。

しかし仏壇というのは、最初に述べたように、死者を祀る壇ではなく、お釈迦様などの神聖な存在をお祀りする場所である。そもそもお釈迦様自身が日本人ではないのに、外国のものを仏壇に置いてはいけないという決まりはない。

実際に日本の仏壇に住むスピリッツは神聖物を好んで、良い環境で過ごせていた。

各宗教の信仰は大切だが、何を重んじなければいけないのか、という一番大切なことを見失って、かたくなな考え方の人が多い。


そして私が仏壇を見てきた上で、これはしない方が良い、ということを日本人の多くの人がやっている。

仏壇で大切なことは、一番上にお釈迦様など御本尊を置かなければいけない。位牌など故人に関係するものは、御本尊よりも下の段に置く。

〝位牌は仏壇中央の御本尊よりも高さが高くなってはいけない〟

という決まりがあるが、高さが低くてもお釈迦様と同列に一番上の段に置いてはいけない。

これらは仏壇の基本であるため、かなりの家が出来ている。

では、何が出来ていないか。


仏壇のまわりに故人の写真を飾っていませんか？　仏壇の天井近くの壁に、故人の写真が並んでいるのをよく見かける。

まず、仏壇に祀ってあるお釈迦様よりも、高い位置に故人の写真を祀ることは、お釈迦様に対して失礼になる。そして誰に礼拝する場なのかわからなくなるので、本来故人の写真を仏壇まわりに置いておくこと自体が、あまり良いことではない。

仏壇より高い位置に故人の写真や物を飾ることに関しては、日本では宗派や僧侶により、良い悪いの意見がわかれる。しかし非物理的世界を見てきた限り私の判断では、なるべく仏壇に故人の写真はない方が良い。

※スピリッツの移動の儀式を行った仏壇の現在

スピリッツはあの世に行った故人の魂に手出しはできない。しかし、もし何かで仏壇のスピリッツを怒らせた場合、スピリッツは生きている人間に影響を及ぼすことはできる。

人は亡くなった家族の写真を見ると、悲しみが長く続き、思い出が執着に変わる。その精神が弱った状態を狙われ病気になったり、亡くなった家族のことで何か問題が浮上し、残された者同士が喧嘩したり、苦悩することになる恐れがあるので、なるべく弱みを見せてはいけない。

下段に、スピリッツの宿る対象の人形が置かれている。

上段には、神聖物が祀られている。

日本の仏壇特有の暗く重い空気はなく、明るく気持ちの良い場になっている。

・仏壇に供えてはいけないもの

あなたは、仏壇に何を供えますか？

肉ですか？　それとも魚ですか？　故人が好きだった酒などを供えているのですか？

仏壇に肉や魚、酒などを供えている人は、仏壇の意味を全く理解していないということを表す。では、仏壇にそのようなものを供えると、何が起こるのであろうか。

結論からいえば、低俗なスピリッツが仏壇に住みつきやすくなるのである。低俗なスピリッツは、肉、魚、すなわち動物の死体、酒などが大好きである。そのため、酒や動物の死体を供えている仏壇は、低俗なスピリッツの住みかとなっていく。

その家の住人は低俗なスピリッツの影響を少なからず受け、低俗な人生へと向かってしまう。酒、金、ギャンブルなどを好み、欲望を叶えることに奔走する人生となっていく。

低俗なスピリッツと関係性が強いと、欲望は叶いやすくなるので、人はあたかもそれを〝神〟のように思ってしまうのである。

しかし、これは人間の人生の本来あるべき姿でないことは、当然のことである。人々の霊性を落とし、物質的、感情的、満足を得ることを旨とする人生となっていくのだ。

あなたの家の神聖な場が失われないように、お供えの内容には気を付けてほしい。


以前、ある家でスワミがスピリッツハウス入魂の儀式をした時のことだ。

助手で同行していた私は、儀式の前に「家の中の酒と動物の死体を全て、家から出して下さい。」と家の人に指示した。

家の人は冷蔵庫の中や納戸にあった酒や肉や魚を全て外に出し「全部出しました。」と言ったが、仏壇の横に鳥のハクセイが飾ってあった。

一般人はこれぐらい〝動物の死体〟が家にあっても分からなくなっているのだ。

仏壇は家庭で徳分を作れる大切な場所です。家族が故人を惜しみ嘆く場ではありません。お釈迦様など神聖な方々に、日々礼拝し、供物を捧げ、徳分を生じさせ、その徳分を先祖の方々に送る場だと理解して、そのような姿勢を心がけて下さい。

仏壇を大切にすれば、良いスピリッツが宿り、より多くの徳分を作れるようになるかもしれません。

しかしたとえあなたの家の仏壇に低俗でないスピリッツが宿っていたとしても、スピリッツというのは、あなたが怒らせるようなことをすれば恐ろしい存在になる、ということも忘れないで下さい。

何をすればスピリッツが喜び、何をすればスピリッツは怒るのか。

それを知るには、スピリッツのことを深く学ば

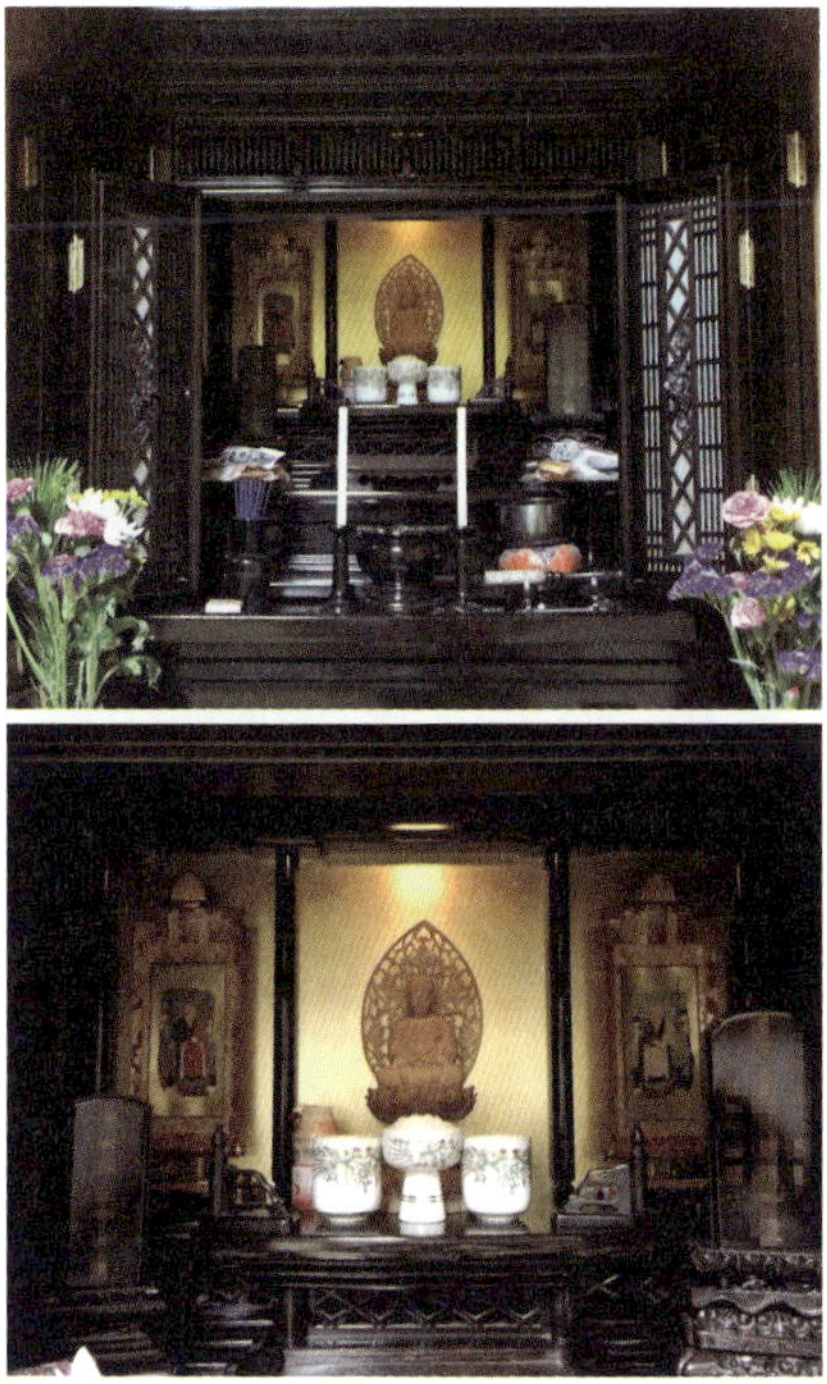

※ある家の仏壇

なければいけません。

神事を深く学ばれている家庭の仏壇なので、私が視ると小さな神聖なスピリッツが一体宿っていた。スピリッツが仏壇の上段と下段を行ったり来たりしていたので、家の人に「仏像の前に供物を置くように」と指示した。

次の機会に見に行くと、上段の仏像にスピリッツが定着していた。

※前ページ写真の仏壇と同じ部屋に置かれていた人形

私が初めてこの家を訪問した時、人形の前に水が供えられていた。無意味に人形の前に供物を置くようなまねごとをするのは危険である。仏壇の仏像と異なり、どのようなスピリッツが入り込むか分からない。しかしたまたまこの部屋には、ちょうど人形に向かう角度で、強力な魔除けの鏡が祀られていた。そのおかげで人形に何も宿らずにすんでいた。

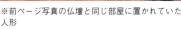

第三章
スピリッツと幽霊との違い

・スピリッツと幽霊の概念

ここで、とくに日本人が誤解している点について、述べておこう。

これまでの説明で幽霊の話はほぼ出てこなかった。お墓、仏壇、非物理的存在、とくれば、日本人なら〝幽霊〟を連想するだろう。

しかし、私はあくまで〝スピリッツ〟として説明してきた。

スピリッツというのは、天界にいる神様でも天使でもない。人間と同じようにこの世界に住んでいるが、肉体を持たないため、普通は人間の目には物理的に見えない存在なのである。

そして、幽霊も天界ではなく、この世界におり、肉体を持たず、人間の目には物理的に見えない存在である。

ではスピリッツと幽霊では何が違うのだろうか。何か特色があるのだろうか。

スピリッツというのは、輪廻転生の輪から外れている存在である。そのため、スピリッツは人間の魂のように、生まれ変わらない。肉体を持たず、何百年、何千年とこの世界に住んでいる。

そしてお墓の章でも説明したように、スピリッツを怒らせると、人間を病気にさせるぐらいの力がある。

スピリッツは、〝現実世界に直接、物理的影響を及ぼすことができる存在〟なのだ。

日本人がなぜスピリッツと幽霊を混同してしまったのか。

そのひとつの要因は、死ぬ日と寿命を混同しているからだ。死ぬ日と寿命は違う。多くの人は、肉体が滅んだ日を寿命が尽きた日と考えているが、それは全く違う。死ぬ日とは〝肉体が滅ぶ日〟のことであり、寿命とは〝あの世からお迎えがやって来る日〟のことである。

幽霊とは、輪廻転生の輪の中にある人間の魂である。肉体というのはあくまで魂の器だ。本来の寿命よりも早くに肉体が滅んでしまった場合、魂は器がないまま、あの世からお迎えがやって来る日を待たねばならない。しかし、生きている時に死後のことを何も正しく学んでいないために、どうしていいかわからず、とまどっている場合が多い。
この存在を〝幽霊〟と呼んでいるのだ。
幽霊には、〝現実世界に物理的影響を及ぼすほどの力はない〟。

まだ、ピンとこない人も多いだろう。ではここから体験談も交えて、それぞれのことをより詳しく説明していく。

・お墓、仏壇、神棚のスピリッツ

まずは、スピリッツのことをより詳しく説明しよう。
これまで述べてきたように、お墓、仏壇のみならず、神棚にスピリッツが宿りやすい。
これは一体何を表しているのだろうか。

お墓にスピリッツが宿りやすい主な理由は、スピリッツが多く存在する豊かな自然の中にお墓が建っている場合が多く、スピリッツの好む自然の石などを使っているからだ。さらに人間が墓参りで花や食物等を供える。スピリッツからすると好条件の場所である。

自然界に存在するスピリッツが宿るので、力のあるスピリッツが宿る場合も多い。

一般に人々は知らないが、一家庭が所有する土地の範囲と、スピリッツの土地の縄張りは異なる。

各土地にはスピリッツの長がいて、縄張り内に長の配下であるスピリッツ達がいる。自然界ほど、スピリッツ達の縄張り意識が強くなるため、自然に近い場所にあるお墓に宿るスピリッツは、縄張り意識が強いことが多い。

そのため、スピリッツの宿った墓石を他の場所に移動すると、問題が起きる可能性が高くなる。ましてやスピリッツの住みかとなっている墓石を壊すようなことをすると大変な怒りをスピリッツからかうことになる。


ところで仏壇と神棚は家の中だ。ならば何故わざわざスピリッツは家の中までやって来るのだろうか。その答えは、お墓と共通する。

日本では神棚よりも仏壇の方が、毎日のように線香を焚いたり、食べ物をお供えしている場合が多い。日々お経を唱える人もいるだろう。毎日毎日そのようなことをやっていると、『ここに居れば毎日食べ物をくれて、大事にされる。』と、か弱く幼いスピリッツが宿る場合がある。

人間が仏壇の前で毎日泣いて暮らせば、仏壇にバッドエナジーが溜まり、その場に住むスピリッツにも悪影響を与えるので要注意である。

仏壇の章で説いた〝仏壇は何をする場なのか〟を日本人はもっと理解しなければならない。

家の中の神棚にもスピリッツが宿る場合があるが、やはり自然界のスピリッツと比べてとてもか弱い。

仏壇、神棚共に同じことが言えるが、高尚なスピリッツというのは、欲深い生活を送る一般家庭の中には宿らない。一般家庭の仏壇や神棚に宿っているスピリッツは、か弱くて幼い存在しか今まで見たことがない。

日本の一般的な神棚は、お社があり、榊、水、米、塩、お神酒をお供えするが、天井に近い高い位置にあるため、毎日お供えをしてお世話をしている人は少ない。このためか、私が見てきた限り、一般家庭の仏壇と神棚とでは、仏壇の方がスピリッツが住んでる場合は多かった。


そして日本人は仏壇と神棚の前では意識が違う。

仏壇の前では、暗く後ろ向きな意識であり、神棚の前では、欲深く前向きな意識である。

その意識に見合った段階のスピリッツを呼び込むことになるので、注意が必要だ。


仏壇や神棚のスピリッツは、お世話をしている間は人間に好意的である。時には願い事が叶うこともあるだろう。

仏壇に願ったら、願いが叶った。

「きっと亡くなった父が私の願いを聞いてくれたんです。」

神棚に祈ったら、願いが叶った。

「必死で祈ったから、神様が僕の願いを聞いてくれたのだ。」


違う！　それらは全てスピリッツの仕業である。

・スピリッツの大きさ

スピリッツを見たことがない人は、その大きさが気になるだろう。スピリッツの大きさというのは、宿る対象による。

大きな木に宿っている場合、大きな木ぐらいの大きさで、小さな花に宿っている場合、その小さな花に乗るぐらいの大きさである。

川の水に宿っている場合、水の流れにそうような長い長さであったり、山のような大きさの巨人もいれば、石と一緒に踏んでしまいそうになるぐらい小さな小人達もいる。

墓石に宿る場合、その墓石ぐらいの大きさになり、仏壇の中に住んでいる場合、仏壇の中に住めるぐらいの大きさになっているのだ。

人間のように大きさを変化できないわけではない。スピリッツは非物理的存在なので、宿る対象の大きさによって変化が可能なのだ。

実際に巨人が憑いている人を見つけ、スワミに頼み、手に乗る小さな球体状の石に移してもらって、持ち歩いていたこともあった。

土地のスピリッツを鑑定すると、私には解決不可能な難題が見つかる場合がある。その場合、スワミに〝スピリッツハウス入魂の儀式〟を願い出る。

スピリッツのための家と供物を用意し、スワミが司祭としてマントラを唱え、用意した家へスピリッツに入ってもらう。家といっても、小さな机に乗るほどの大きさである。

私は立ち会っている間は、どのようなスピリッツが、どのタイミングで入ったか、怒りはおさまったのか、などを視定めている。

視ていると、スピリッツは人間のように歩いて来て家の中に入るわけではなく、離れた場所にいても、目印に向かって一瞬で入ることがほとんどである。

どこからともなく現れて、ふわっと舞い降りて来た場合もあった。

背が高く細長い木に宿るスピリッツは、背が高く細長い存在であり、大きな岩に宿るスピリッツは、大きな存在であるにもかかわらず、皆一瞬でスピリッツハウスに入れる大きさに変化するのだ。

・スピリッツの種類

○ルーシー

スピリッツの種類はさまざまである。

スピリッツを大きく分類すると、ルーシー、エンティティ、バッドスピリッツなどにわかれる。

ルーシーというのは、本来なら天界の高い階層にいけるほどの魂が天界を選ばずに、徳積みのためにこの世に留まった存在である。

例えば過去の歴史的大聖者の魂などは、死んで神になるのではなく、この世にとどまり、肉体のある現世の聖者に力を貸し、人々を助け続けている。

スワミには高い位のルーシーがついている。スワミのヒーリングは、人間のスワミの力で治しているわけではない。ルーシーの力を借りてヒーリングをおこなっているのだ。

病院から見放された末期癌患者の癌が治ったり、歩けない人が歩けるようになったり、目が見えない人が見えるようになったり、人間の常識の世界ではありえないことが起こる。

その奇跡は、人間の常識外にある、〝ルーシーの力〟を借りているから起こる現象なのだ。

○エンティティ

土地や火や水や空気など自然界に宿るスピリッツを〝エンティティ〟という。エンティティもさまざまである。

・花に宿る妖精

人間が妖精、フェアリーと呼ぶ存在は、自然の中の主に花に宿っているエンティティのことだ。花に宿るエンティティはとても純粋でか弱い。

花の妖精、フェアリーというと、皆が連想するのは、背中に羽のついた小さな可愛らしい少女が、お花のまわりを飛んでいる感じだろうか。

実際のフェアリーの姿を見た時、私はこう思った。

「うわ、蚊みたい。」
美しい夢を壊して申し訳ないが、存在も小さくか弱すぎて、エンティティの世界でいうと、虫のような存在である。

私は昔、フィリピンのジャングルの中で行われていた〝魔法学校〟に入学した。
魔法学校の授業の一環でフェアリーの観察が行われた。その時フェアリーはとてもか弱い光を、途絶えることなく放っていた。この光は物理的に見える。フェアリーは小さな青い光を放ち飛んでいる。蛍の光は点滅するが、フェアリーの光はずっと点灯しているのだ。

魔法学校のひとりの先生が、私の掌にフェアリーを乗せてくれた。最初は蚊を乗せられたのかと思ったが、集中してよく視ると小さな小さな人型であった。この時の体験から、私はフェアリーを視る感覚を覚え、日本でもよくフェアリーを視るようになった。

私が視てきた限り、フェアリーは草ではなく、花に宿っている。（何故草には宿らないのだろう）と不思議に思っていたが、ある日その謎が解けた。

私はスワミと一緒に、ある家を訪問した。私はひとり庭に出て、フェアリー達と話をしていた。後からスワミが庭にやって来た。この時、フェアリーだけではなく、か弱いスピリッツ達はいっせいに逃げ出した。スワミの存在感はとてつもなく大きく、か弱いスピリッツ達からすると、何もされてなくとも恐ろしいのだ。

フェアリーの動きを注意深く観察すると、花から花へと逃げていた。（なるほど！）と気づいたことがあった。人間は、草は平気で踏んで歩くが、咲いている花をわざわざ上から踏みつけて歩く人はまずいない。スピリッツ達からすると恐ろしいスワミも、花は踏まないように歩いている。

フェアリーが花に宿るのは、ただ花が好きなだけかと思っていたが、自分の身を守るひとつの知恵なのかもしれない。

・木や岩に宿る地のエンティティ

前述のとおり、人間が木の精霊と呼ぶ存在は、木に宿るスピリッツ、地のエンティティのことだ。妖精よりも、もっと力が強い。強烈なエンティティが宿っていると、人間が木を伐り倒した場合、災いを起こして人間を殺すこともできる。

樹齢数百年以上の古い木や、自然の中の古い岩などには、強いエンティティが宿る場合が多く、災いを恐れて人間はそれを御神木、御神岩などと呼び、大切にしているのだ。決して、木そのものや岩そのものに力があるわけではなく、それらを住みかとしているスピリッツの力によって、様々なことが起きているわけである。

ご神木、ご神岩として祀られている木や岩に、必ずしもエンティティが宿っているわけではない。写真のご神木とご神岩には、人間に好意的なエンティティが宿っている。神社

※ある神社境内のご神木とご神岩

境内の木や岩に宿るスピリッツは、わりと人間に好意的なエンティティが多い。

気をつけなければならないのは、人がほとんど来ないような自然の中の木や岩に宿るエンティティである。人間が足を踏み入れない自然界に宿るエンティティは、力も圧倒的に強い。もしもそのようなエンティティを怒らせれば、大変な災害に見舞われるだろう。

自然界に宿るエンティティは、人間に関心が低い。そのため人間が故意にエンティティの領域を荒らさないかぎりは、被害も出にくい。しかし注意するべきことは、人間の方は

※エンティティが宿っている自然の中の木

悪気がなくとも、価値観の異なるエンティティを怒らせることもある。

木は切らないように、触らないように気をつけることもできる。しかし、人間は木より岩に対する意識が低い。

むやみに自然の中の岩に腰かけたり、山の石を持ち帰らない方が、賢明である。

山のふもとで、多々小さな祠を見かける。各山には、その山に宿るエンティティの領域があり、ふもとの祠には門番を務めるエンティティが宿っている場合がある。もし山に入

※エンティティが宿っている自然の中の岩(写真中央)

※山のふもとにある祠

る時に祠を見かけたら、手を合わせて「これからこの山に入らせて頂きます。もしも気づかずに失礼がありましたら、どうぞお許し下さい。」と一言挨拶をすると良いだろう。

・巨人

高い木々が生い茂る森林や山には、巨人が住んでいることがある。

巨人は何体か見たが、私が見た限りでも巨人にもいろいろ種類があった。全身毛が生えている巨人、手足の長い巨人、頭にコブのある巨人、鬼の姿の巨人、姿はさまざまであった。

※スピリッツが多く住んでいる山

巨人は力は強いが、知能が少し低いようだった。球体状の石に移して所有していた巨人も知能が低く、何かしてもらうにも何度も説明が必要であった。

私の思うように巨人を動かせずイライラすることもあったが、これはスピリッツ同

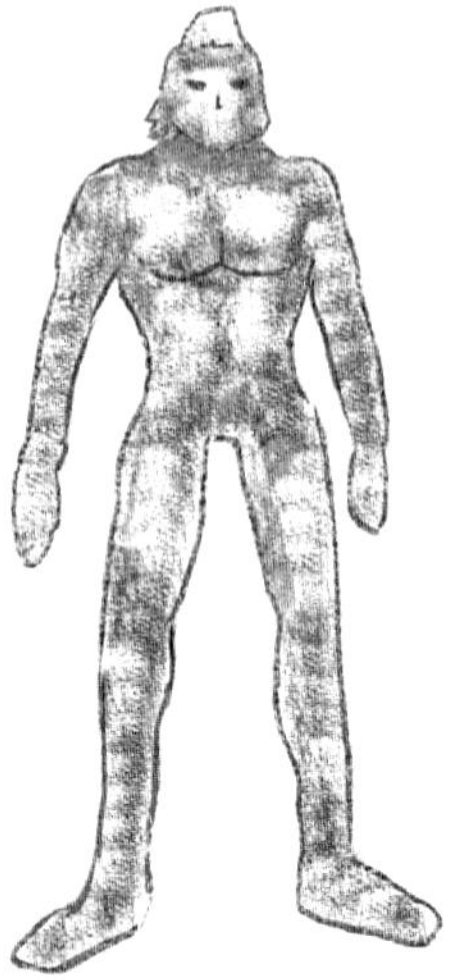

士でも同じのようで、利口なスピリッツが頭の悪い巨人にイラついていたのを見たことがあった。

巨人が憑いている人はたまに見かける。巨人が憑いている人をエクソシズムする場合には、巨人の影響が強く出て、人間とは思えない力で暴れだすことが多々ある。

魔法学校でスワミが女性患者のエクソシズムをしている時、四人の男性が彼女を押さえていたが、彼女は突然暴れ始め、四人を同時に五メートルほどふき飛ばした。その四人は、ひとりは空手の師範、ひとりは元陸自の特殊部隊、ひとりはヒマラヤのガイド、ひとりは百九十センチメートルの大男であった。

・小人

小人が憑いている人間は、手足が異常に痩せ細ったり、多動症のように落ち着きが無くなったり、精神的に不安定になりやすい。子供に憑いているのをよく見かける。

また声が小さくか弱くなる。多動症の子供を視ると、小人が原因の場合が多かった。

小人は樹齢数百年の立派な太い木や、古く大きな岩よりも、そのへんの木や、岩や石の周辺をウロウロしているので、家の木を切ったり、山の石を持ち帰ったりするだけで、運悪く小人が憑く場合がある。

目に見えないため、登山中や、家の庭で踏みつけてしまい、小人を怒らせる場合が多い。

山や森林など自然界の物をむやみに傷つけたり、持ち帰ってはいけないのはもちろんのこと、木や岩がある庭付の古い家は、小人などエンティティの問題が起こりやすい。

特に広い庭であまり人間が手入れをしていないようなうっそうとした庭は、なんらかのエンティティが好んで住んでる可能性が高い。

・水に宿るエンティティ

水に宿るエンティティも沢山見たが、これもいろいろ種類があった。灰色でドロドロと上から泥がとけているような姿や、灰色や茶色でビラビラとしたヒラメのような姿であったり、丸くぷっくりとしたゼリー状の姿などが多かった。

水のスピリッツの中でもっとも知能があり、影響力が強いのは、見た目が河童のような人型のエンティティである。

井戸や池に住まうスピリッツは水のエンティティだ。水のエンティティは人間の価値観からすると、雰囲気も見た目もおどろおどろしく不気味な感じである。

人間への影響力が大変強いため、私は水のエンティティとはなるべく直接は会話せずに、別のスピリッツに水のエンティティのことを聞く、という方法をとっている。

昔から井戸や池など、水にまつわるものを埋めると、一家全滅するほどの悲劇が起こる場合がある。それは水のエンティティを怒らせてしまったのだ。

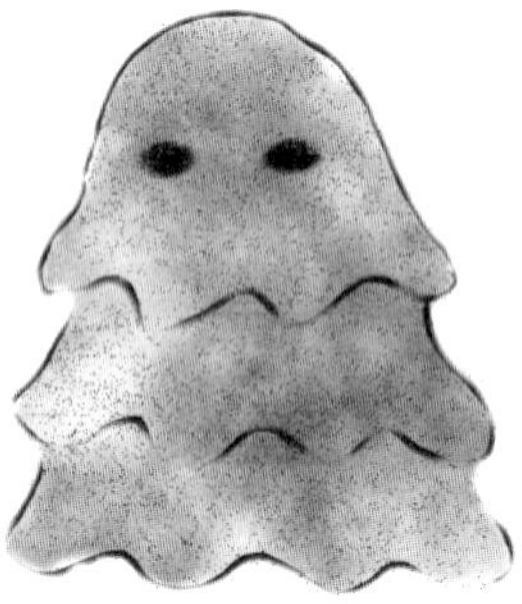

この対策は大変に難しい。彼らからすれば、自分の家を突然壊されてしまったことになる。知能も力もずば抜けた水のエンティティの怒りは容易には静まらない。

「井戸を埋めて、空気抜きの穴をあけた」程度で、水のエンティティが許してくれようはずはないのだ。

・空のエンティティ

空には空のエンティティがいる。

私は幾度かＵＦＯを目撃したことがあるが、ＵＦＯを見たことがある人は少なくないはずだ。

私のところにも何人も「こんな形のＵＦＯを見た。」「宇宙人に会ったことがある。」などという相談があった。

ちなみに昔、私が視たのは、色は白く、形は円盤状であり、一定の場所で八の字に動いていた。当時の私はもっと身近な怪奇現象に日々悩まされていたので、遠い空に浮かぶＵＦＯなど、自分に何も被害が及ばないものには全く興味がなかった。

その後、私は様々な奇跡現象を体験し、偉大な先生方から多くの貴重な叡智を授かった。学びが深まったことで、〝UFOは空のエンティティ〟であることが分かった。

あれは空のエンティティが、そのような姿で物質化し、こちらに見せているだけなのである。〝そういった姿をとって人間に見せているエンティティがいる〟ということなのだ。

「UFOは宇宙人の乗り物」と多くの人達が勝手に思い込んでいる。しかし残念ながら、UFO現象も、空のエンティティの悪戯《いたずら》にすぎないのだ。

「UFOの中から宇宙人が出てくるのを見たんだ！」という人もいる。それはまさにエンティティの姿のひとつだ。

すなわち、昔でいえば〝河童〟と同様の現象である。

・龍

高い位では龍の姿だが、本当の龍は、人間が行ける場所にはいない。

神社で龍神を祀っている場所には、白い蛇の姿のエンティティをよく見かける。

白蛇のエンティティは力があるので、良い関係性を築ければ、人間にとって都合の良いことが起きやすい。しかし、怒らせると大変執念深いので、龍神系の神社への参拝は失礼がないように注意しなくてはいけない。

以前、私は龍神を祀っている神社に参拝に行くことになり、念のため水の龍神の力の神聖物を身につけて出かけた。

神社に着き、本殿を視たが、何のスピリッツも宿っていなかった。

帰ろうとした時だった。本殿ではなく、本殿の横の祠に、小さく細い白蛇のエンティティが宿っていることに気が付いた。姿は白蛇だが、まだ幼く力の弱いエンティティだった。

私は腰を下ろし「こんにちは。」と声をかけた。私が神聖物を身につけていたからか、その白蛇のエンティティは「何故ここにいるの？」と言って、少し戸惑っているように視えた。「今日はここへ参拝に来たんです。もう帰りますね。」と挨拶をして、すぐに帰った。

龍神系の神社に住む蛇の姿のエンティティは、たとえ幼くとも妖精や小人などより力があり、怒らせるとしつこいので、私はある程度の距離を保ち接するようにしている。稲荷系の神社も同様である。稲荷系の神社も力のあるエンティティが住んでいる場合があり、関係性を築くと人間の都合の良いことが起きやすい。

しかし、エンティティの性質が独特なので、やみくもに深入りし、もし怒らせるようなことをすれば、その被害は計り知れないほど大きくなるのだ。

・日本のエンティティ

日本でいう、山の怪、木の怪、水の怪、雪の怪、動物の怪といった〝妖怪〟というのは、まさに日本のエンティティのことである。

烏天狗《からすてんぐ》、河童、海坊主、雪男、雪女、猫又《ねこまた》、座敷童子、等々、お伽《とぎ》話ではなく、大昔実際にそういったエンティティに遭遇した人達の体験から、そのような話が生まれたのだ。

ご神木を切ってはいけない。むやみに花を踏みつけてはいけない。川の水を汚してはいけない。山のものを持ち帰ってはいけない。

どこかで聞いたことがないだろうか。

日本は昔から〝森羅万象に神が宿っている〟と信じられてきた。至る所に八百万の神様がいらっしゃると信じ、祠を建て豊穣を祈って手を合わせた。

神ではない。至る所に、エンティティを含むスピリッツ達が宿っているのだ。本当の神は、スピリッツ達より遥か上の存在で、人間と同じ空間にはおらず、人間に興味もない。

日本人が「神の恩恵だ！」「神の崇りだ!!」と思っていることは、ほとんど〝スピリッツが起こしている現象〃なのである。
田んぼの中にある祠の写真を撮るため、私は祠の近くまで行った。
視ると祠は木の枠組みだけで、何かを祀っているわけではなかった。中にきちんとした
宿る対象を置いていないため、祠は田んぼに住む小さな妖精達の集会場のようになってい
た。

※現在も残る田んぼの中の小さな祠

森林を切り開いた時に、死人が多数出ることがある。それはスピリッツが宿っている木を伐ってしまい、エンティティの怒りをかったことが原因の場合が多い。

しかし、田畑をつぶして死者が多数出た話はあまり聞かない。スピリッツ側のことを考えると少し可哀想な話になるが、田畑に住む小さなエンティティ達は、人間に居場所を奪われても、その場から逃げるしかできないのだ。田畑にいるエンティティは、か弱く小さな存在であり、人間に災いを与えるほどの力はないからだ。

※伐られた柿の木と祠

伐られた柿の木の前に祠が建っている。祠を視るとエンティティがいた。話を聞いてみると、もともとは祠の後ろの柿の木に宿っていたらしいが、木を伐られることが分かり、祠に移ったそうだ。祠に大きな存在が宿っているわけではなく、周辺の柿の木に宿るエンティティ達が、祠を拠り所として出入りしているようだった。

※エンティティの宿る木

たとえエンティティのことが分かっていても、怒らせてしまう場合がある。
ある日、スワミと数人の仲間と山の中の洞窟に向かうことになった。危険がないように、朝、瞑想をして神聖な存在に「先に分かることがあれば教えて下さい。」と祈った。すると『その山はエンティティが多く住んでいる。エンティティが宿っている木に触らないように』と教えてもらった。

その日の登山中、仲間達が木に紐を結んでいた。道に迷わないように目印をつけていたのだ。しかし、そのひとつにエンティティが宿っているのが分かった。仲間が登山中に息切れをしながら、必死でその作業をしているのを見て、私は言いづらくなり、何も言わずにその場を後にした。まわりのエンティティ達から非難されたが、無視して山を登った。私はこの後、この山で二回足を滑らせて転び、足と腰を痛めた。家に帰ってからも、夢の中で誰かにずっと責められ、毎朝疲れて目が覚める。

私はスワミに事情を説明した。そして同じ山に行った時に、エンティティの宿る木に結んだ紐をカッターで切り、非礼を謝った。こういう場合、何も分からず紐を結んだ人より

も、わかっているのに無視をした私の方が責任を問われるのだ。

私は強力に守られているので、エンティティの怒りをかっても、転んで身体を少し痛める程度で済んでるが、守りの弱い人間が、エンティティを本気で怒らせた場合、とてつもない災難に見舞われるだろう。

○バッドスピリッツ

バッドスピリッツというのは、いわゆる悪魔のことだ。

悪魔だ、天使だ、というと映画の中の話だと思う人もいるだろうが、そうではない。厳然たる事実として存在している。


エンティティとバッドスピリッツは異なる。

例えばエンティティの中にも、人間から見て良いエンティティ、悪いエンティティがいたとする。しかしそれはあくまで人間側の都合で、自分にとって都合が悪いことが起きれば、悪いエンティティ。都合の良いことが起きれば、良いエンティティ。と人間が勝手に思っているだけだ。

バッドスピリッツというのは、その次元の話ではない。

バッドスピリッツは人間の欲望が大好物で、人間の欲望を増やす手伝いをし、最終的には肉体が滅んだ時に魂を食べようと、待ちかまえている存在なのだ。

欲望が多い人はバッドエナジーに包まれており、バッドスピリッツから見るととても美味しそうに見える。

もし死後バッドスピリッツに食べられると、死後の行くべき場所には行けなくなる。すなわち、輪廻転生の輪から無理やり引き離されるのだ。

日本は物資が豊かで物欲にまみれ、バッドスピリッツがとても多い国だ。大都会は人口が多く、欲望が渦巻くため、バッドスピリッツが沢山いるので要注意である。特に東京は欲望の塊の場所なので、ニューヨークと並び、世界有数のバッドスピリッツの巣窟である。

・バッドエナジーとバッドスピリッツの違い

これまでに〝バッドエナジー〟という言葉を使ったが、ここでバッドエナジーとバッドスピリッツの違いについて説明する。

〝バッドエナジー〟というのは、一言で言えば〝悪い気の塊〟のようなものである。

バッドエナジーは、スピリッツや幽霊と同様、物理的には見えないものだが、そこに〝個の意識はない〟。

例えば腐ったミカンがバッドスピリッツだとすれば、バッドエナジーは腐ったミカンからする腐敗臭のようなものだ。

私には、バッドエナジーは黒い煙のように見えている。

私はスワミのように、個人の内臓まで透視はできないが、だいたい患者の悪い箇所にはバッドエナジーが溜まっており、その悪い箇所が黒く見えるのだ。

スワミのヒーリングの助手をしている際によくあることだが、心臓が悪い患者は心臓のあたりにバッドエナジーが溜まっており、心臓のあたりが黒く見える。

脳の一部に損傷がある人は、その箇所から、湯気のように煙が噴き出している。

スワミはヒーリングの際、瞬間的に深い瞑想状態に入り、その人の体の中に入っていき、深く精密な診断を出す。

「心臓のどこの部分に穴が開いているから、それをヒーリングでまず塞ぐ。」

「頭のこの部分の神経が切れているから、まずここここの神経を繋ぐ。」

患者の容体と、真の原因を見極め、最適なヒーリングを行うのだ。


人間だけではなく、汚い物や汚い場所にもバッドエナジーは溜まる。

廃墟や、人が住んでいる家でも長く放置された汚い納屋などには大量のバッドエナジーが溜まっている。


よく建物を壊したことで人が病気になる場合があるが、非物理的世界のことが原因ならば、二通りのことが考えられる。

ひとつは、建物にスピリッツが住んでおり、スピリッツが怒って攻撃してきた場合。

もうひとつは、その場に溜まった大量のバッドエナジーを浴びた場合。壊したことによって、その場に蓄積していたバッドエナジーが外に溢れだす。

大量のバッドエナジーを浴びたことで、一時的に精神状態が悪くなったり、病人の場合は持病が悪化する場合などがある。わかりやすく物理的世界の現象で比喩をすれば、「臭い匂いを嗅ぐと、「気分が悪くなる」と似ている。

ただバッドエナジーを浴びただけなら、綺麗に掃除して、お風呂に入って体を洗い流せば、ほとんど問題はない。

注意するべきは、本人がバッドエナジーを発生させるような原因を抱えていないかどうかである。掃除もしない、洗濯もしない、つねに身なりも汚い。考えは欲深く嫉妬深く、バッドエナジーを発生し続けていれば、バッドスピリッツが『こいつは美味しそうだ！』と寄ってくるだろう。

悪い考え方、特に物欲や、嫉妬、妬みの強い人は、頭の周辺が黒い煙で覆われている。
バッドスピリッツの影響下にある人は、身体が悪くなくとも、全身真っ黒な煙に覆われているように私には視えている。
この場合、エクソシズムでバッドスピリッツを追い払っても、本人が考え方や、生き方をあらためない限り、また別のバッドスピリッツを呼びよせるので、堂々巡りになるのだ。

実際にバッドスピリッツの強い影響下にある人は、考え方、生き方を変えるのが難しい。その場では改心した言葉を放っても、(病気になればまたヒーリングしてもらえばいい)という恩知らずな考えや、(スピリッツがついたらまたエクソシズムしてもらえばいい)という自分勝手な考えが根底にあるため、同じことを繰り返す。

これはヒーリングやエクソシズムをとても軽んじており、スワミを通して奇跡の力を起こす神聖な存在をも馬鹿にする行為である。同じ過ちを犯した人は縁が切れ、ヒーリングやエクソシズムを受ける二度目の機会に恵まれずに終わった、という場合も多く見てきた。

ヒーリングやエクソシズムで病を完治することは出来ても、その後の考え方、生き方を変えるのは、自分自身なのだ。

・スピリッツが人間に恋をする

見た目が人間のような姿のスピリッツもいる。彼らはとても利口である。交渉する際もかなり、良い条件を出すか、言うことを聞かない場合、脅さないといけなくなる。

男性に女のスピリッツが憑いた場合は、柔らかい中性的な雰囲気の男性になり、女性に女のスピリッツが憑いた場合は、男を誘惑する魔性の女になりやすい。

男性に男のスピリッツが憑いた場合は、気性が荒々しくなりやすく、女性に男のスピリッツが憑いた場合は、気が強く男気のある女性になりやすい。

女のスピリッツは非常に嫉妬深く、実際に人間の男を好きになり、とり憑く場合も多い。男性がこれにとり憑かれると、女性関係に大きな問題が出るようになる。なぜならば、女性が近づいてくると女のスピリッツが嫉妬するからである。

以前スワミのヒーリングを受けに、ある男性がやってきた。この男性には女のスピリッツが憑いていた。

スワミはヒーリングによる診察結果を話した。「男性では珍しいことだが、甲状腺が悪くなっていて、バセドウ病になっている。」

その話を聞いた時に、私を助けてくれている高貴な存在が原因を教えてくれた。スピリッツが憑くと、肉体にもその影響が出る。女のスピリッツが憑いた場合は、実際に女性ホルモンが通常より多くなり、ホルモンバランス異常の病気になりやすいそうだ。

スピリッツの問題で病になっている場合、ヒーリングで病気を一時的に治しても、スピリッツを取り除かない限り、根本治療にならず、また病になる。

この場合はスワミはヒーリングだけではなく、エクソシズムをおこなう。

スワミがエクソシズムをおこなっている最中が、どのようなスピリッツが憑いていて、何を訴えているのかが、私は一番わかりやすい。肉体のないスピリッツは、一般に人間の目には見えない。そのうえ、知性の高いスピリッツは、可能な限り人間に見つからないようにする。このため、非物理的存在を視れる人でも、はっきり姿を視るのが難しくなる。しかしエクソシズムの最中は、スピリッツが怖がってそれどころではなくなり、姿が視えやすくなるのだ。

そしてこの時にスピリッツに話しかけると、彼らはエクソシズムの恐怖と苦しみから助けてほしい一心で、私の質問にいろいろ答えてくれる場合が多い。それで、エクソシズムの時がスピリッツとの交渉はしやすくなる。

この男性に、スワミがエクソシズムをおこなった。視るとやはり女のスピリッツが憑いていた。
いつこの男性に憑いたのか、スピリッツに直接聞いてみた。

ウズメ「いつからこの男性と一緒にいるの？」
スピリッツ『この人が16〜17歳の時。』
ウズメ「場所はどこで？」
スピリッツ『この国じゃない。』
ウズメ「この人が何か悪いことをしたの？」
スピリッツ『違う。この人が好きなの。ずっと一緒にいたい。』
ウズメ「でも貴女と一緒にいることで、この人は病気になっているわ。辛い思いをしているのよ。」
スピリッツ『……。』
ウズメ「離れてあげた方がこの人は幸せになれるよ。」
スピリッツ『離れたくない。』
ウズメ「彼を愛しているのなら離れてあげなさい。」

スピリッツ『嫌だ。離れない。』
ウズメ「離れない場合、スワミからの激しい攻撃を受けることになる。離れないならスワミがおまえを消滅させるぞ！」

ここで、女のスピリッツは慌てていなくなった。

私自身が女性であるため、私はスピリッツに対して穏やかに交渉はできても、スピリッツを脅すとなると、エクソシズム中のスワミでないと難しいのだ。だいぶ格好の悪い話だが、「私じゃなくて、私の先生がおまえを許さないぞ！」と脅すのである。

後でこの男性に聞いてみると、十六〜十七歳の時はインドネシアに居たらしい。そこで女のスピリッツがこの男性に一目惚れして、それ以降ずっとこの男性と一緒にいたのだ。


ところで、誰かに強姦される鮮明な夢を見たことがある人もいるだろう。夢か現実かわからないほどの、肉体の感覚があった夢を見たなら、それはただの夢ではなく、スピリッツに強姦されている場合がある。

女を強姦する男のスピリッツは〝インキューブス〟と呼ばれている。

また男を強姦する女のスピリッツは〝エゴブス〟と呼ばれている。

スピリッツは人間が寝ている時に、強姦する場合がある。スピリッツは肉体がないため、人間からすると、はっきりとした感覚のある鮮明な〝夢〟を見たという風に思うのだ。

スピリッツに強姦されると、体内にスピリッツのバッドエナジーが残る。そのため、病気になる場合もよくある。

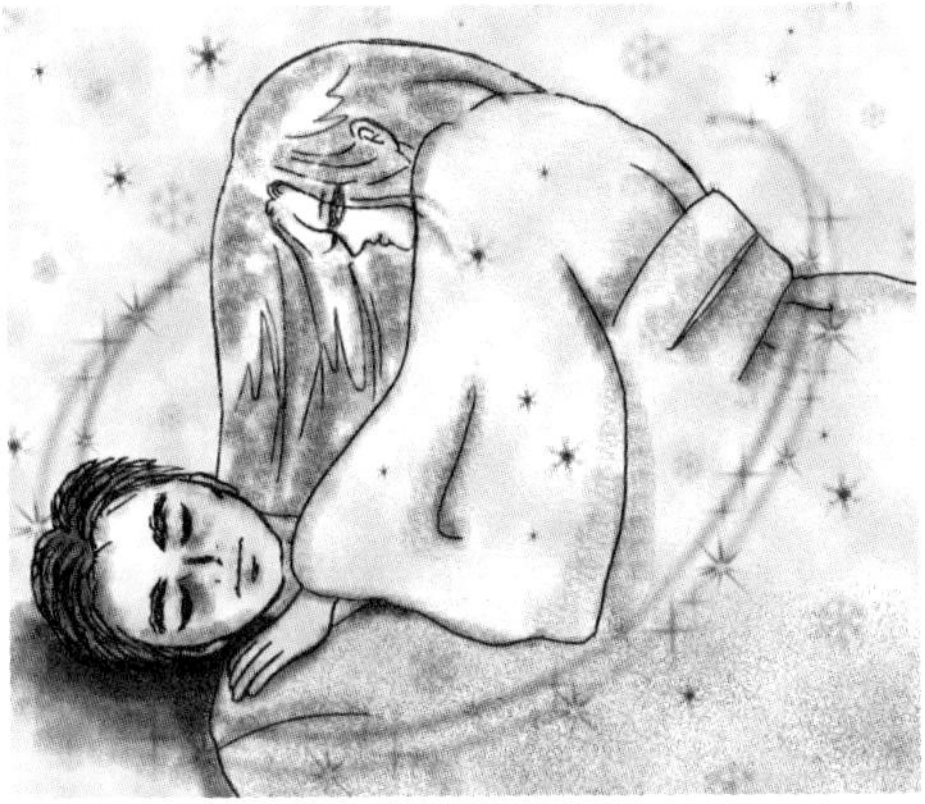

〝雪女〟もエゴブススピリッツと考えられる。男性にとり憑き、力を吸い取り、死へと導く。

雪女、雪男など、御伽話ではなく、そのようなスピリッツに遭遇した人の話が、語り継がれていったのである。

人間がスピリッツに対して酷いことをして、怒ったスピリッツが憑いてしまう場合だけでなく、スピリッツが人間を好み、憑いてしまう場合もあるのだ。

・旧陸軍の英霊を守るスピリッツ

出先でよく通る道があった。その道を車で通る度に、誰かに呼ばれる。(あそこだな)遠くに小さな墓場があり、綺麗な墓が並んでいる。(あれぐらい綺麗な墓は、スピリッツは宿らないいんだけどなぁ)と思いながら、いつも素通りしていた。

ある日、知り合いと近くを通ったので、一緒にその墓場に行ってみた。墓場を正面から見ると綺麗な墓ばかりで、やはりスピリッツは宿ってはいなかった。(おかしいなぁ、この場所から呼ばれた気がしたんだけどなぁ)

帰る前に、墓場の中程まで入ってみた。

「あ、居た。貴方ね、私を呼んでたのは。」

旧陸軍の兵士の墓だった。

しかし私はその後予定があったため、幽霊なのかスピリッツなのかをゆっくり視る間もなく、墓の写真だけを撮りその場を立ち去った。

その夜、もう一度同じ墓場に独りで行くことにした。しかし、墓場の周辺は田んぼ道で街灯も無く、夜はあたり一面真っ暗だった。車の前照灯の光だけでは墓場の場所がどこなのかがわからなくなり、同じ道を何度も行ったり来たりした。

私は過去何人もの幽霊と長く同居していたり、普段から沢山のスピリッツ達と交流があるため、幽霊やスピリッツに対して怖いという感覚はない。

だが、鳥目で方向音痴の私にとって、夜は人間的に苦手なことだらけであり、街灯のない場所で道に迷い、冷や汗をかいた。

（田んぼに落ちたらどうしよう。誰かに目撃されたら不審者にしか見えない）と不安にかられた。私は遠くから墓場のスピリッツに頼んだ。（会いに行きたいから、私を呼んで！）そして、スピリッツの誘導に任せて進んでいくと、すぐ近くに墓場が見えた。（あぁ、良かった。スピリッツがいてくれて）と胸を撫で下ろした。

スピリッツは幽霊よりも、圧倒的に移動領域が広く、交信能力も高いため、このような時には助けてもらえる場合が多い。

やっと墓場に辿り着き、旧陸軍の兵士の墓を視ると、男のスピリッツが宿っているのがわかった。強い存在感はあるが、もの静かなスピリッツであった。

ウズメ「何故ここにいるの？」
スピリッツ『……。』
ウズメ「何故私を呼んだの？」
スピリッツ『……。』

ウズメ「何か私にしてほしいことがあるの？」

スピリッツ『……。』

居るのはわかっているのに返事はない。

(仕方ない。夜も遅いし、写真だけ撮って帰ろう。)

私は帰る間際に墓の写真を撮った。すると、スピリッツが話しかけてきた。

『そこに書いてあるだろ。』

「え？」スピリッツに言われ、ふと右横に目をやると、右横の墓も同じ名前が書いてある。

写真を撮り、次に左に目をやると、墓の横に没日が刻まれていた。

『立派な人だったのだ。』とスピリッツは誇らしげに言った。

昼に墓場に来た時は、旧陸軍の兵士の墓は人が手厚く扱うために、スピリッツが宿って

しまったのだろうか、とも考えたが、スピリッツの話を直接聞くとそうではなかった。この墓に刻まれている兵士を、生前守っていたスピリッツだったようだ。

スピリッツは、その人のことをとても誇らしく思っている。しかし、その人が亡くなってからは、どこに行けば良いか、どうすれば良いかわからず、ずっとその人の墓を守っているらしい。

ウズメ「そう。その人のことが大好きだったのね。」

スピリッツ『……。』

ウズメ「それで、私を呼んだのは何かしてほしいことがあるの？」

スピリッツ『……。』


結局何かをしてほしいわけではなかった。単純にその誇らしい想いを誰かに伝えたく、スピリッツのことがわかる人が道を通ったので、呼びかけて話しを聞いて欲しかっただけのようだった。

私は内心（うっかり何かしてほしいのか聞いてしまったけど、国家水準のことを言われなくて助かった）と安堵した。


ところで、夜は静かなのでスピリッツと話がしやすい。しかし、夜誰もいない墓場に女が独り佇んでいると、私が幽霊だと思われかねない。そのうえ墓と対面して、笑ったりうなずいたり話をしているのを人に目撃されるのはまずいと思い、私は墓に宿るスピリッツに「もう行くね。」と挨拶して、早々に帰った。

スピリッツが墓を自分の家として住んでいる場合だけでなく、このように故人を慕い、墓を守っているスピリッツもいるのだ。

特に歴史に名の残るような人の墓は、大勢のスピリッツ達が守っている。そのため、歴史的人物の墓などに失礼なことをすると災いが起こり、人はそれを〝誰々の祟りだ〟と騒ぐのである。

歴史的人物が怒っているのではない。

墓を守っているスピリッツ達が怒っているのである。

◆フィリピン魔法学校◆※現在はありません

魔法学校は、フィリピンのジャングルの中で行われていた。魔法学校は一般公募ではない。世界中から深い学びを求める者達が自然とやって来た。

それまでの私は、インドで修行をし、神の叡智（ヴェーダ）と、ヒンドゥーの秘法を習得していたが、神の世界しか学んでいなかった。

フィリピンの魔法学校にて、初めてスピリッツの世界を知る。幼少期から何かわからずに視えていた世界を、正しく学ぶことができたのが、魔法学校であった。

※魔法学校生徒時代の著者

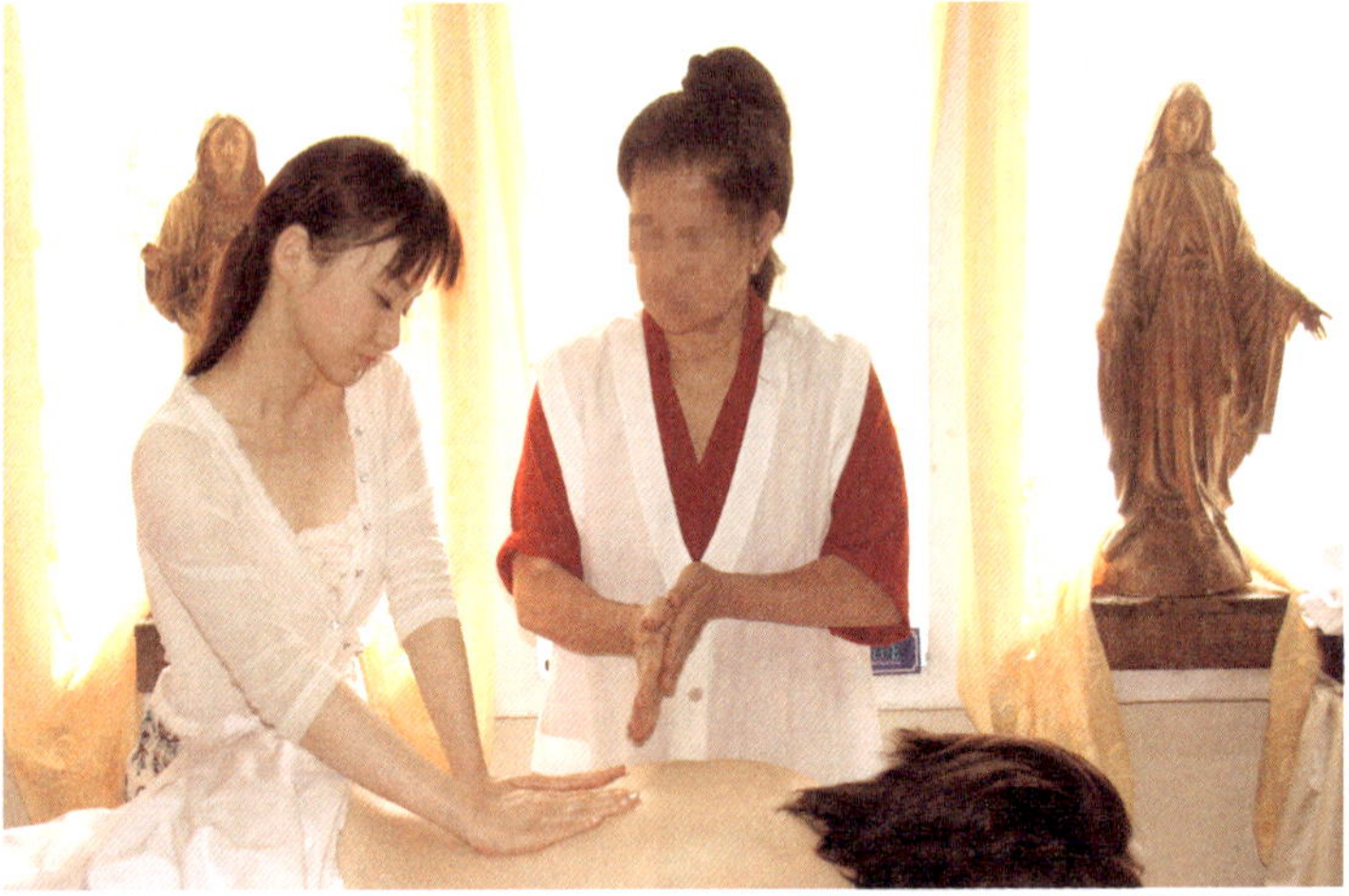

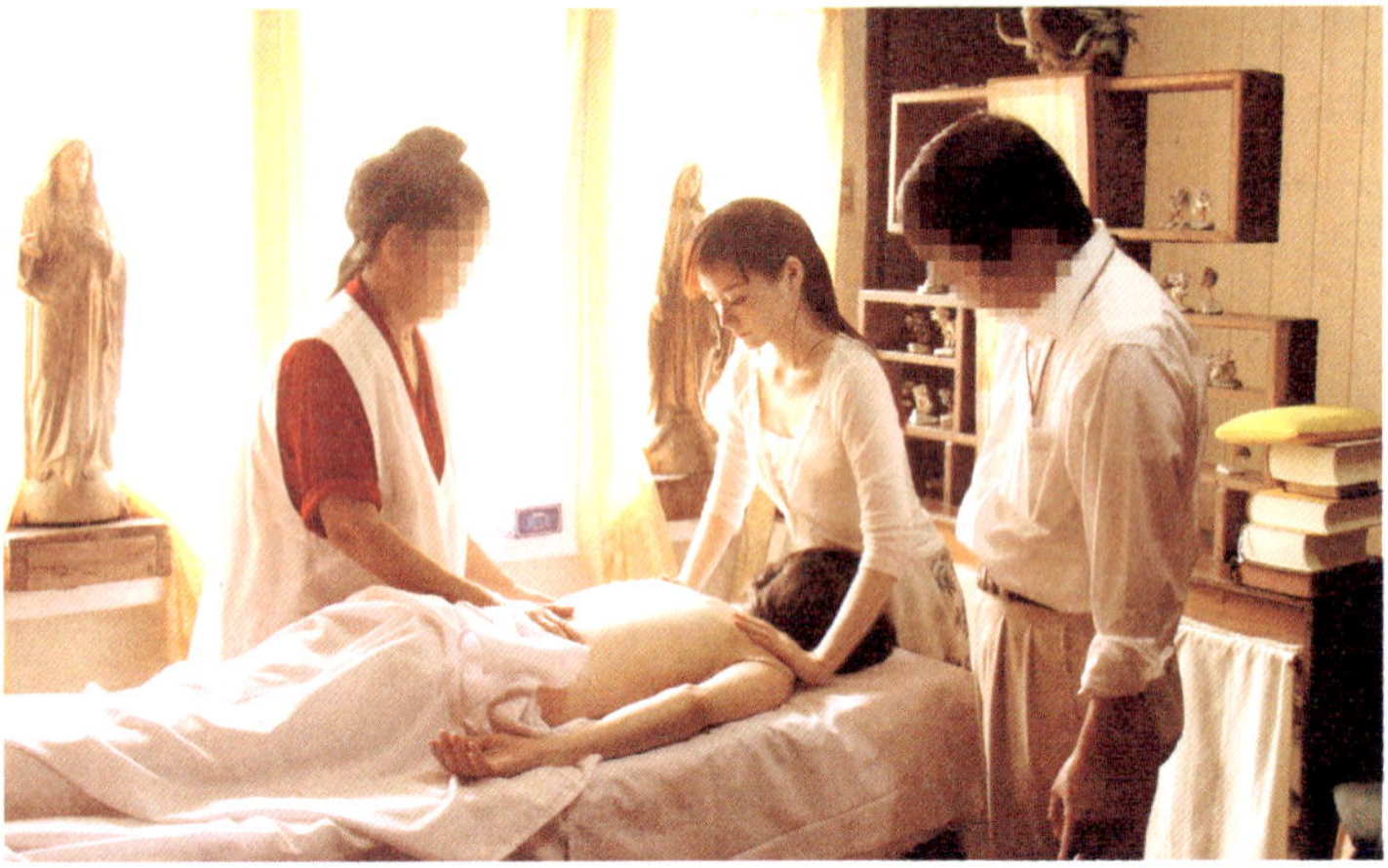

※フィリピン神聖治療の第一人者の先生から、直接神聖治療の指導を受ける

至る所に、イエス様、マリア様の像が祀られている。魔法学校にて、キリスト教の叡智を修め、オラシオンの秘法を習得する。

魔法学校では、素晴らしい先生方から貴重な叡智を習得できるだけではなく、実践で様々な未知の体験をすることができた。この時の経験から、私はさらなる未知を求めるようになる。

そして、現在〝天の扉開き〟という最高峰の奇跡体験に辿り着き、タイ仏教の神髄を学ぶようになったのだ。

第四章
幽霊もいろいろ

・一緒に暮らしていた3人の幽霊

幽霊というのは、どのような動きをするのであろうか。姿、大きさは、スピリッツとどう違うのだろうか。

まず、体の大きさを自由に変化できるスピリッツと違い、幽霊の背の高さは、生前の高さの場合が多い。それは人間の魂が、自分はこの背の高さだ、と思い込んでいるからだ。

これは以前2LDKのマンションに住んでいた時の話である。私は三人の幽霊と一緒に暮らしていた。

ひとりは男性で、見た目は短めの黒髪で、身長が170cm前後だろうか。服装は上下白い服を着ていた。いつも台所に立っていた。

私が台所にいる時は背後で私がやることを眺めており、私が台所前の部屋のソファに座っている時は、台所からジッとこちらを見ており、私が夜寝室に移動すると、寝室についてきて、立ったまま見ている。

しかし私が玄関から外に出ても一度もついてきたことがなかった。(部屋から部屋には移動できても、このマンションからは出れないんだ) ということに気づいた。

幽霊というのは、現在いる一定の範囲内から移動はしない。

この男性の幽霊はおどろおどろした雰囲気ではなく、むしろ私に好意があるようだった。私が台所で包丁を落とした時、足の上に落としたかと思ったが、ギリギリ足の横に落ちた。なんとなくその男性の幽霊に「助かったよ。」と声をかけると、耳元にフッと風がきて返事があった。

また別の日に「いつもありがとうね。」と声をかけてみると、背中をチョンと押したような返事があった。

実際幽霊とはこの程度の力しかないのである。

ある日、私は家族のひとりと大喧嘩をした。私は傷つき落ち込み、その日は台所前の部屋のソファで寝た。その様子を男の幽霊が台所からジッと見ていた。

次の日の朝、喧嘩した彼は「昨晩なんだか息が苦しいな、と思って目を開けたら、男の幽霊に首を絞められていたんだよね。」と言ってきた。

この男の幽霊は私に好意を持っていたため、私と喧嘩をした家族に対して、攻撃をしかけたのだった。

（男のスピリッツだったら彼は死んでたな。幽霊で良かった）
と私は密かに思った。

もうひとりの幽霊は女の幽霊で、いつも洗面所にいた。長い黒髪だが肩から下は見たことがない。なぜなら毎回同じ行動で、洗面所の扉を開けると、上から逆さの状態でぶらんとぶら下がっており、目の前には筆のように長い黒髪が垂れ下がっている状態なのだ。私は幽霊は見慣れているので、幽霊自体は怖くないのだが、扉を開けて目の前に逆さになった長い髪の毛が垂れ下がっていると、反射的にびっくりする。

この女の幽霊は、人を驚かすのが目的のためか、いつもおどろおどろした雰囲気をかもし出していた。

あとひとりは、見た目が人ではなく、子犬ぐらいの大きさの、綿のような白いモコモコした物体が、部屋や廊下を走り回っているのをよく見かけた。

家には二匹のマルチーズがいたので、最初はうちの愛犬を見間違えたのかと思っていた。しかし、何度も見かけるので、犬の居場所を確認し、数えると三匹になってしまう。

（あれは一体なんだろう？）と不思議に思っていた。

ある時、タイでアチャンに幽霊の話をした。「今二人の幽霊と一緒に暮らしているんですよ。」

するとアチャンが遠隔で視て下さった。「いや、三人いるよ。」これにより、白いモコモコした綿状の物体も幽霊だったということが判明したのだ。

私はスワミに質問した。「何故幽霊なのに、人の形ではないのでしょう?」スワミは笑って「幽霊がそのような姿をとって遊んでいるだけ。」と教えて下さった。

(幽霊もスピリッツのように、見た目の変化ができるのか)と知った。

私が視てきた限り、肉体が亡くなって日が浅い幽霊は〝自分はこういう姿だ〟と本人が思っているので、わりとはっきり元の姿をとっている。

しかし年月が経つほど、本人も自分が何なのかわからなくなっているのか、元の姿からは、かけ離れた姿の場合もある。

・階段に座る子供の幽霊

ある年、私はマンションから一戸建てに引っ越した。引っ越して早々、家族が何度か階段から落ちた。本人は「誰かに押されたような気がする。」と言っていた。

私は「マンション暮らしが長かったから、階段に慣れてないのだろう。」と言って聞き流していた。なぜなら、幽霊に人間を階段から突き落とすほどの力はないからである。

引越しの疲れが出て、私ひとり台所の椅子に座り、ぼんやりとしていた時のことだった。ふと2階に続く階段に目をやった時、階段の中段あたりに、膝を抱え座っている子供の幽霊が居た。

これは私の経験からの感覚にすぎないが、幽霊を視る時は明るく元気で清々しい気持ちの時より、疲れて意識がぼんやりとしている時の方がよく視える。

その子供の幽霊の見た目は、歳は五歳から六歳ぐらいの男の子で、服装は半袖半ズボンであった。身体全体にうっすら黒いもやがかかって見えた。

私は子供に話しかけた。

ウズメ「どこの子？　なんで死んだの？」
子供の幽霊『この近くで車にぶつかって死んだの。』
ウズメ「交通事故にあったのね。なぜここに居るの？」
子供の幽霊『ここに居たいんだ。』
ウズメ「貴方が階段からつき落としたの？　なぜ？」
子供の幽霊『僕がここに座ってるのに、ドタドタ歩くからだよ。』

話を聞いてみると、自分がそこに座っているのに、人間は幽霊が見えないので無視してドタドタ階段を下りる。幽霊を蹴り飛ばしている形になる。それに腹が立つらしい。

私はその時疲労が溜まっていたせいか、苛立って「駄目でしょ！　そんなことをしたら。」と強めに注意した。

それが気に入らなかったらしく、その後私が二階から一階に下りる時に、同じように押されて、私は足を踏み外し階段を滑り落ちた。

（はぁ、やられた）と思い、今度は「私達も一緒に住んでるのだから、仲良くしていこう。階段下りる時はなるべく気をつけるから。」と子供の幽霊をなだめた。

家族にも「階段の中段に男の子供の幽霊が座っているから、階段の上り下りの時は端を歩くか、通るよ、と一言声をかけてから通って。」と話した。

しかし、私は疑問に思うことが一つあった。それまでの経験で、幽霊は階段から人間を突き落とすほどの力はない、と思っていたが、何故あんなに力があるのだろう、と不思議であった。

・幽霊とバッドスピリッツの合体

ちょうどその頃、タイに行くことになったので、私はアチャンにその子供の幽霊の話をした。すると思いもよらない答えが返ってきた。

「それはただの幽霊じゃないよ。バッドスピリッツと半分合体している。だから幽霊なのに力がある。今のまま放っておくのはよくない。日本に帰ったらスワミに子供の魂を昇天させる儀式をしてもらいなさい。」

私は（幽霊とスピリッツは合体するのだ！）と驚いた。

後々の経験でもっと詳しくわかることになるのだが、正確な言い方をすると合体ではなく、魂がバッドスピリッツに取り込まれた状態である。肉体が無くなった魂をバッドスピリッツが狙っており、バッドスピリッツが魂を取り込むのだ。

その取り込まれ具合が軽度だと、幽霊の姿に黒いもやがかかっている。重度だとほぼ人の形は無くなり、真っ黒い塊になり、バッドスピリッツそのものになってしまう。

バッドスピリッツは人間の欲望が大好物である。

この子供の魂が完全にバッドスピリッツに飲み込まれていなかったのは、子供ゆえに大人のような汚い欲望が少ない。そのために完全に飲み込まれずにすんでいたのだ。

・魂の救済　昇天の儀式

タイから日本に戻り、すぐにスワミに自宅に来て頂いた。バッドスピリッツと子供の魂を切り離し、子供の魂を昇天させる儀式を行なってもらうためだ。

スワミの指示で、プジャ（儀式）が始まる前に、階段の下の方の段に、子供のためのお供えを置いた。スピリッツへのお供えではないので、ラムネジュース、ショートケーキ、プリン、スナック菓子、など人間の子供が好みそうな物にした。

今回はバッドスピリッツの退治も含むため、私は身体のあちらこちらに、タイの護身用のタクッを身に着け、儀式に立ち合う準備をする。〝タクッ〟とは、タイの深い叡智で作製された筒状のヤントラ（神聖図形）である。

これまでスワミのエクソシズムは助手で幾度も立ち合っているが、幽霊とバッドスピリッツの合体を切り離すのを見るのは初めてであり、しかも自分の家でやるため、私は珍しく緊張と興奮を感じていた。

※幽霊がいた階段

儀式が始まった。お供えを欲しがっているためなのか、子供の幽霊は階段の下の方に居た。儀式が始まったことに気づくと子供の幽霊は、階段の中程の踊り場に逃げ、膝を抱えて怖がっている。

少しかわいそうに思い、私は「スワミの言うことを聞いてね。悪いようにはしないから。」と子供に声をかけた。

その後、スワミがエクソシズムの秘剣を振り、子供の魂とバッドスピリッツを切り離した。そして、バッドスピリッツを剣で一突きにした。バッドスピリッツは黒い煙となって消えた。

神の使いに子供の魂を迎えに来てもらうため、マントラをスワミが唱えはじめる。

儀式が始まって以来、初めて子供の幽霊が私の方を見た。そして私に向かって一言『ありがとう。』と言った。私はこの子供に思い入れはないが、なぜか胸が熱くなり、涙がにじんだ。「良かったね。」と笑顔で答えた。すると子供の姿は見えなくなった。

儀式は無事終了した。

・祟りの真実

祟りを起こすといわれる〝怨霊〟というのは、霊ではなく、スピリッツが怒っている状態のことである。祟りが起こったと言われる場所に行ってみると、そこにいるのは霊ではなく、怒り狂ったスピリッツがいる。

前述の子供の幽霊とバッドスピリッツの合体などは非常に珍しい例だ。

バッドスピリッツのことを「いわゆる悪魔のことだ。」と説明すると、日本人は祟りを起こす悪霊とも勘違いしそうだが、全く違う。

バッドスピリッツの目的は、最終的には人間の魂の成長を阻害し、堕落させることである。そのため、真理や法を学ぶことを邪魔する。

賢く知的なバッドスピリッツは、人間にとって都合の良いこと、つまり〝欲望を満たすこと〟を与える。そして、人々はより欲望と煩悩の中に入っていく。このことで、魂を堕落させる。

暴力的なバッドスピリッツは事故や病を人々に与え、学ぶ機会や体力を奪う。

人々が思っている〝祟り〟とは、少し異なる。

では人間が祟りと呼んでいることは、実際はどういうことなのか。身近な話をしよう。

ある日、私はひとりでドライブしていた。道を間違え、道中にあった店の駐車場で方向転換していると、急にガクンッ！　と車が止まった。

一瞬車が壊れたのかと思った。しかし、まわりを見渡してみて、原因を発見した。そして（あぁ、またか）と私は溜息をついた。

店の横に大きな木の切り株があった。その上に天板が置かれて机として利用していた。切り株には落書きまでされていた。この木にはスピリッツが宿っていた。

スピリッツは私に話しかけてきた。それによると、もともとこの木に宿るスピリッツは、店の人を攻撃することもなく、仲良く暮らしていたつもりが、人間の方はそうは思っておらず、店の横の木が邪魔になり、木を切ったらしい。

そして上に板を載せて机にし、物置きにしているそうだ。

この扱いにスピリッツが憤慨した。

そしてスピリッツの話がわかる私がたまたま通りかかったので、自分の話を聞いてもらうために車を止めたのだ。

（うん、うん。怒るのはわかるんだけど。見知らぬ私が、いきなりお店の人に「あの木が怒っていますよ。」とは言えないでしょう。頭のおかしい人だと思われるだけでしょう。人間側に依頼されないと私も動けないのよ）とスピリッツに説明して、その場を後にした。

薄情に思われるかもしれないが、こういったことは私にとっては日常茶飯事であり、きりがないのだ。


この話から知ってもらいたいことは、力のあるスピリッツというのは、その気になれば〝走っている車でも止められるほどの力がある〟という点だ。

言い換えれば、〝交通事故に遭わせて人間を殺すことも簡単にできる〟のである。

このように、人々は知らないうちに、スピリッツ達を怒らせる行動をとっている場合がある。それにより、スピリッツ達は人々を攻撃してくるのである。

人々は原因がわからないままに、不都合なことが続くので、〝祟り〟と呼ぶようになる。

再度述べるが、単なる〝幽霊〟すなわち〝死者の魂〟はこのような力を持つことはない。死者や、ましてや先祖の霊が〝祟る〟ということはないのである。

しかし、ただひとつだけ死者の魂が関与する場合がある。恨み、執着、等々を強く抱いて死んだ人の魂をバッドスピリッツが食べ、バッドスピリッツがその魂の恨みや執着に呼応して行動した場合、死者の意志を受け継いだ〝祟り〟が発生することがある。

・自殺者の魂

自殺したくなるほど人生で辛い時というのは誰にでもある。

〝自殺したい〟というのは、(自殺すれば現状から逃げられる)あるいは(死んだ方が今よりは楽になれる)と思っているのだろう。

それは死後の世界を知らない無知から来る、勝手な思い込みである。

では、ある自殺者の魂の話をしよう。

「息子が自殺した父親が来る。息子の魂がどこに居るか探すのを手伝いなさい。」とスワミから連絡が入った。

子供が自殺した親には何人も会っている。私はそのような時も冷静な顔をしているが、心中はとても辛い。自殺は最大の親不孝のひとつである。最大の親不孝は最大の悪いカルマになる。子は親に究極の悲しみを与えたのだ。

父親の相談を受け、スワミが魂の救済の儀式を始めた。私は後ろで（自殺した息子の魂の居場所を教えて下さい）と祈り、深く瞑想した。

頭の中に映像が映し出される。

橋がかかっている。橋の下の向かって左側が石壁になっている。

その石壁の近くの地面の所に息子の魂がいた！

その場所を拡大して視ると、そこには楕円状の真っ黒な非物理的な塊があった。

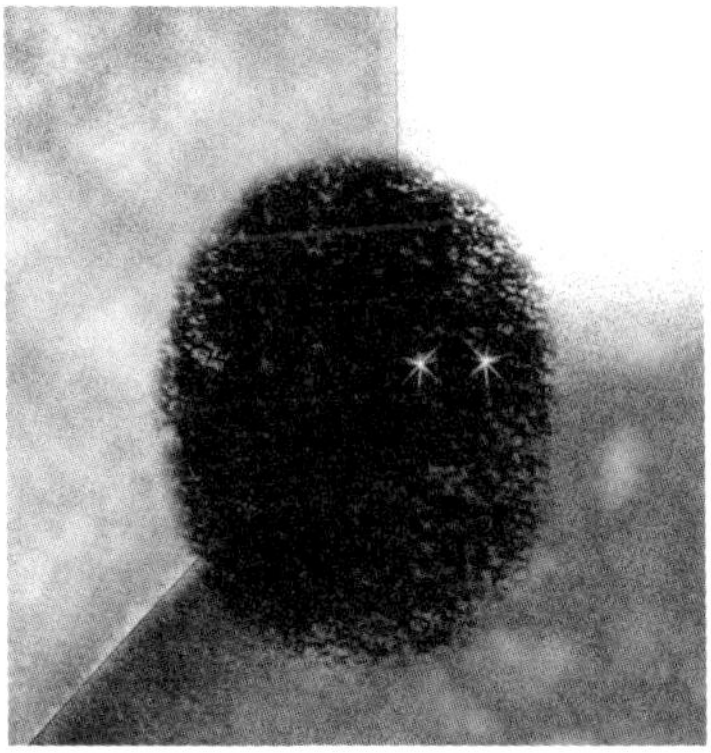
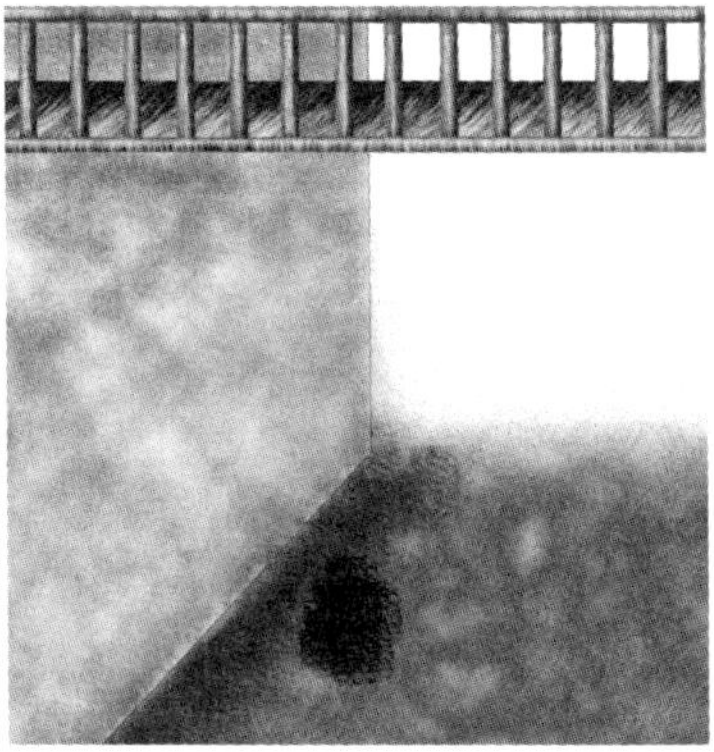

その黒い塊の右側に、二つの小さな赤い光がある。そこに息子の意識がかすかにあった。赤い光は息子の両目のようだった。
黒く大きく醜い塊に、息子の魂が取り込まれている。これはバッドスピリッツに魂が食べられてしまった状態を示している。
わずかに息子の意識が残っていたので、声をかける。「お父さん来てるよ。」すると反応はあったが言葉ではなく、恨みの意識が返って来た。（これ以上やると私が危ないな）と思い、映像を切った。

ちょうどその頃儀式が終わり、スワミが「残念ながらバッドスピリッツに食べられて、息子の魂はもういない。」と話されていた。
私の方からは、映像で視た場所を詳しく説明した。父親が「そこは自殺した場所だと思います。」と言って、自殺現場の写真を見せてくれた。私が視た映像と同じ場所であった。

この場所で息子の魂は、すでに真っ黒な塊に取り込まれてしまっていることを説明した。スワミいわく「チャオカンナイウェイ（後述）の影響で自殺したのだろう。」という話だった。


自殺者というのは、死ぬ間際に、辛い、苦しい、悲しい、憎い、などの強い想いを持ちながら死ぬ。そのような魂はバッドスピリッツから見るとごちそうであり、バッドスピリッツを呼び寄せ、食べられてしまう可能性が非常に高い。

バッドスピリッツに食べられてしまうと、死後の世界からのお迎えが来ても行けず、輪廻転生の輪から外れてしまうのだ。

自分の意識は無くなり、バッドスピリッツの一部となる。


もしも、自殺してバッドスピリッツに食べられる前にお迎えが来た場合は、輪廻の輪の中にとどまることができるが、自殺者が行く深い地獄に行くことになる。そこで（二度と自殺はしない!!）と思うような酷い目に合う。

本当に心底反省した魂が、次に生まれ変わった時には、自殺はしなくなる。

自殺する者はその時だけの苦しみから逃れようと自殺するわけだが、自分でその罪の重さに気づき断ち切らなければ、今世だけではなく、死後も、来世も来々世も、永遠にそれ以上の苦しみが続くのである。

・お墓と仏壇に幽霊がいる理由

何の疑問も持たず、死んだご先祖様の魂は仏壇の位牌に宿る、お墓で眠っている、と本気で思っている人もいるかもしれない。仏壇やお墓を所有しながらも、先祖の魂が宿っていることに疑問を持っている人の方が、実は多数派なのである。彼らは表には、そのことを口に出して言わないだけなのだ。

実際には、仏壇やお墓に本当に先祖の魂が宿っていると信じている人は非常に少ない。しかし本当のこともわからないので、深く追求することもしていないだけである。

だが私が見てきた限り、日本はたしかに仏壇前やお墓周辺に幽霊が多いことも事実である。それはなぜなのか。

日本人はそれまでの日本の文化や風習によって、(死後魂は仏壇に宿るのだ)(人間は死んだらお墓で眠るのだ)と本人がそう思い込んでいるから、死後自分の肉体が無くなった時に、どうしていいかわからず、とりあえず仏壇やお墓に行っているのだ。

※幽霊がいる墓場

〝スピリッツの問題と寿命〟の項でも記述したが、亡くなってもまだ肉体が焼かれてない場合は、魂は遺体からあまり離れない。

嘆き悲しむ親族達と一緒に、本人も自分の葬式に参加している。肉体が焼かれてしまった後は、自分の骨が墓に納骨されるのを、親族と一緒に見届ける。家族が墓に向かって声をかけるので、そこに居なければいけない気持ちになる。

墓や仏壇の認識が薄い魂は、死後も自分の部屋やお気に入りの場所に居ることが多い。

※幽霊がいる部屋

　または、事故死した場合は、わけがわからずその事故現場にとどまる場合もあり、家族も無く長い入院のすえ病院で病死した場合は、病院が自分の居場所だと思い、死後も病院にとどまっている場合もある。

　ただどこに居たとしても、その人の本当の寿命が来て、死後の世界からお迎えがやってきた後は、魂はその場から居なくなる。それ故に、家の仏壇や墓に永遠にご先祖様の魂が居る、ということはないのだ。

　もしも「いやご先祖様はずっと仏壇や墓にいるのだ。」というのなら、貴方のご先祖様は永遠にお迎えもやって来ず、輪廻転生もできないままの、なんの成長もできないかわいそうな魂なのだ、ということになる。

第五章

日本人は知らない

・肉食と酒が駄目な理由

バッドエナジーにもバッドスピリッツにも関連する話だが、神事や神聖な生き方を学んでいく上で、最も良くないことは〝飲酒〟である。

その次に〝死体を食べること〟が良くない。いわゆる肉、魚など、〝生き物の死体〟のことだ。

多くの人は、スーパーに陳列してある器に入った肉を、最初からその形の食べ物だ、と麻痺《まひ》した考えをしている。しかしそれは生きている動物を殺して切り刻んだ死体の破片である。

そしてそれを食べる行為が、殺生になるとは気づいていない。動物を食べる人がいるから、動物を殺す仕事が生まれる。それは自分の手は汚さず、お金を払って人に殺生をさせる行為であり、自分の手で殺す以上に大きな罪である。

肉魚を食べてはいけない理由は、お釈迦様の五戒でも第一に説かれている。「殺生をするな。」と。
五戒は、この戒律を破ればカルマになるゆえ、在家の人でも最低限守らなければならないこととして、お釈迦様が説いたものである。

五戒は
一、殺生をするな
二、酒を飲むな
三、盗むな
四、不道徳な性行為を行なうな
五、嘘をつくな
の五つである。

「殺生をするな。」と言われれば、日本人であれば「それはそうだ。」と理解できる。「盗むな。」「強姦するな。」「嘘をつくな。」なども、「それはそうだ。」と思うだろう。
ところが、「酒を飲むな。」というと、「何故それが悪いのか。」と思う人が多い。日本には「酒は悪ではない。むしろ善な面もある。」という感覚がある。

しかし、以前のインドは禁酒法があり、酒を飲むことは違法行為であった。近年、西洋諸国の外圧により、禁酒法を撤廃した州が多くなった。だが、今でもインドには、酒を飲む人は危険な人物、と見なされる風習は根強く残っている。インドでは「酒を飲むな」は、道徳的に当然なこととされている。しかしながら、日本では「酒を飲むな」が、五戒に入ってることすら知らない人ばかりである。なぜカルマになるのかもわからないのだ。

神事や仏法では、飲酒や肉食はカルマになる、と説かれている。飲酒がカルマになる理由のひとつは、〝正常な判断が出来ないことを喜ぶ〟というのが、良くないからだ。脳を正常でない状態にすることは、狂った行動である。

肉体が滅ぶ日は人間の行いによって、いくらでも早められる。酒を飲み、身体に悪い物を食べ、タバコを吸って、肉体を痛めつけることを続ければ、寿命よりも早く死ねる。それは、〝ゆっくり自殺しているのと同じ〟なのである。

結果、神から与えられた魂の成長のための時間を、自分で早く終わらせた、ということになり、悪いカルマになるのだ。

では非物理的世界で、飲酒はどのような作用があるのだろうか？

酒や肉は、バッドエナジーをどんどん吸い取り、集める働きがある。そのようなものを普段食べていればどうなるか。

自分の身体の中にバッドエナジーを吸い集めているのである。どんどんバッドエナジーを溜め込み、よりバッドスピリッツの餌食になりやすくなる。

酒を飲むと、暴力的になったり、人がまるで変わる人がいるだろう。飲酒は意識が弱まり、自我も弱くなる。そのためバッドスピリッツが寄ってきて、バッドスピリッツの影響下に入るのだ。悪い存在に自分の身体をあけ渡すことになるので、酒を飲むということはとても危険な行為なのである。

・神社に神はいない

神事で酒や肉、魚が駄目と聞くと、日本人は「神様に酒や魚を捧げているじゃないか」と思う人が多いだろう。それは日本の神社では、供物として酒や魚などを捧げているからだ。

日本人は目に見えない存在のことを、全て〝神〟だと思ってきた。しかし、日本の神社にいて力を発揮してるのは、神ではない。その土地に住む〝スピリッツ〟である。スピリッツの中には、酒を好むスピリッツ、肉、魚を好むスピリッツが多くいる。供物を捧げている人が、神に捧げているつもりでも、実際はスピリッツの好物を捧げており、神ではなくスピリッツとの関係性を作っているのである。

また必ずしも神社にスピリッツがいる訳ではない。

私が視て来た限り、本殿や拝殿にスピリッツが宿っている神社は、宮司の信仰心が強く、御神体のお世話をとてもよくしている。

●長野県中野市　武運濃神社《たけはこびの》

この神社に宿るスピリッツは、信仰深い宮司と、神道を支えているまわりの人々の祈りを受け、高貴なスピリッツへと成長している。

宮司はベジタリアンであり、五戒を厳守している。

武運濃神社へは、度々参拝に行くが、非常に神聖な力の場であることがわかる。

※本殿にスピリッツが宿っている神社

※境内の祠にもスピリッツが宿っている

専任の宮司がいない神社は、本殿ではなく、境内の祠や岩や木に宿っていることが多い。スピリッツは人間に影響を及ぼせるほどの力がある。そのため、神社で人間が失礼なことをして、神社に宿るスピリッツを怒らせれば、災いがやってくるかもしれない。

これを人間が「神の祟りだ」と言っているのである。

そして神社に足繁く通い、参拝しているとスピリッツに注目され、願いが叶うかもしれない。これを人間は「神様が自分の願いを叶えて下さった！　神の恩恵だ。」と思うのである。神が神社にお賽銭をしただけで、願いを叶えてくれるだろうか。

本当の神のことや、スピリッツの存在、神に対する真の儀式などを知らないために、日本人は神とスピリッツを混同して考えているのだ。

古代日本では、〝土や火や水や風、全てのもの、森羅万象に八百万《やおよろず》の神が宿る〟と信仰していた。しかしこれは神ではなく、スピリッツ、エンティティのことである。

天界にいる本当の神は、人間ひとりひとりのやることにいちいち干渉しない。興味もない。神と人間では何もかもが遠くかけ離れている存在である。

人間が虫の世界の蟻一匹一匹の行動を意識して生きていないのと同じだ。

※境内の末社にスピリッツが宿っている

※境内の木にスピリッツが宿っている

日本は神の叡智、真理から、非常に遠い国である。
学びが足りず知識がないため、目に見えない存在のことを全て「神様が」と言ったり、幽霊だと思い「霊障だ」と思っているのだ。

・バッドスピリッツより恐ろしいチャオカンナイウェイ

人生が上手くいかない時というのは、その人のカルマ解消が発動している場合、またはバッドスピリッツの影響がある場合、エンティティなどを怒らせた場合など、様々な理由がある。

だが中でも一番怖く、日本人の概念にないのが、〝チャオカンナイウェイ〟である。

人間は必ずしも次も人間に生まれ変われるわけではない。カルマが多ければ、魚になったり、蛇になったり、豚に生まれる可能性も高いのだ。

百匹の魚がいれば、その中に元人間の魂の魚も多数存在している。

近年、人間が次に生まれ変わる時、魚になる場合が非常に多い。それは、命を奪うことを喜びとする人々が、最も奪いやすい命が魚であるからだ。すなわち、魚釣りを楽しむ人々が多数いるからである。

命をもてあそび、それで喜びを得るという行為は、最も重大な許しがたい最悪なことである。そのため、この行為によるカルマは非常に深く重い。

次に人間に生まれる権利などなく、逆に自分が釣られる魚の数だけ魚に生まれ変わり、釣られるという苦しみを、幾度となく繰り返す。自分が釣った魚の数だけ魚に生まれ変わり、釣られる苦しみを味わうのである。

そのような理由で元人間だった魂が、魚に生まれ変わっていることは珍しくない。


ところで、魚釣りで命をもてあそび、魚の命を奪った、としよう。もしそれが普通の魚ではなく、今世は魚として生まれてきた元人間の魂だったら、どうなるのであろうか？

魂に目を向けてみると、殺人を行ったことと、同じである。理不尽に人を殺すと、その人は犯人を強く怨むのは当然である。

それと同様に人間だった魂が宿った魚を殺すと、その魂は自分を釣った人、すなわち犯人を激しく怨む。

その犯人が死んでも、次に生まれ変わって来るまで、ずっと待ち続けている。そして、生まれ変わった犯人を見つけては、また怨みをはらそうとする。

これが何度も続くのである。それが、チャオカンナイウェイである。

バッドスピリッツならエクソシズムで取り除けるが、チャオカンナイウェイはそうはいかない。チャオカンナイウェイはバッドスピリッツと合体して攻撃してくる。エクソシズムでバッドスピリッツの方を取り除いても、チャオカンナイウェイはエクソシズムで取り除くことができない。

チャオカンナイウェイはその人を執念深く怨んでいるため、たとえ一度離れても、次の機会をずっと狙っているのだ。なぜなら、怨まれる原因を作ったのは人間の方であり、チャオカンナイウェイはむしろ被害者であるからだ。

チャオカンナイウェイが原因で病気になってる人は、私の体験では、エンティティやバッドスピリッツの問題で病気になっている人よりも、長く重い病気が続く人が多い。チャオカンナイウェイはその人をあっさり殺すことが目的ではなく、その人を苦しめることが目的だからである。

チャオカンナイウェイにとり憑かれた場合助かる方法は、自分の徳分をチャオカンナイウェイに捧げ続け、許してもらうしかない。

しかし、だいたいチャオカンナイウェイにとり憑かれている人は、重病になるので動けず、徳積みも人より難しくなり、徳分が少ない。

悪循環でチャオカンナイウェイの問題がある人は、助けるのが非常に難しいのだ。

スワミはチャオカンナイウェイが憑いていると分かっている重篤な患者でも、その病を治すよう果敢に挑戦してきた。しかし、チャオカンナイウェイの場合、スワミのヒーリングでたとえ病が完治しても、全く別の理由でほどなく亡くなった例を多くみてきた。

・チャオカンナイウェイに殺されたタイの女性

ある時、スワミは高僧の依頼で、タイの寺でヒーリングを行っていた。

タイ各地から沢山の患者がヒーリングを受けにきた。しかし、あまりにも重篤な患者は寺院に足を運べない。そこで高僧は、スワミに「病院まで足を運び、ある重篤な女性患者のヒーリングを行ってほしい。」と依頼した。

この患者は末期のリンパ癌で、首は腫れ上がり、水も飲めず、医者からは「数日の命」

という診断が出ていた。そこへスワミが訪れ、ヒーリングを行った。

この女性はチャオカンナイウェイにより、病気になっていることがわかった。

そこでスワミは患者に次のように指示した。

「チャオカンナイウェイに沢山の徳分を捧げなさい。それしか助かる方法はない。病気が治って退院したら、出家して、尼僧になりなさい。それにより発生する莫大な徳分をチャオカンナイウェイに捧げなさい。」

彼女は快く承諾した。三日間の治療の後、スワミは帰国した。

その後、十日間もたたないうちに、彼女はみるみる回復し、退院したのだ。


私は帰国したスワミからその話を聞いたが、瞬間的に彼女がすぐに死んでしまうことがわかった。しかし、それを伝えるとスワミに申し訳ない気がして、私は言えずにいた。

ところで、その回復に驚いた担当医は、退院時に「〝細胞針検査〟をさせてほしい。」と彼女に申し出た。末期のリンパ癌が治ることなど、到底考えられないことだからだ。

彼女は当然承諾した。


その後、退院後帰宅した彼女は出家する準備をしていた。

ところが、突然容体が悪化していき、死亡した。死因は〝敗血症〟であった。細胞針検査時の処置が悪かったため、細菌に感染したのが原因であった。チャオカンナイウェイは癌で殺そうとしていたが、ヒーリングにより癌を治されてしまった。彼女から徳分をもらえることも拒否し、違う方法で殺したのだ。結局許す気はなかったのである。

このようにチャオカンナイウェイは本当に恐ろしい。

だからこそ、そのようなことにならないように、最初から生き物の命を奪うことをしなければ良いのである。

・日本の地鎮祭とスピリッツハウス入魂の儀式の違い

日本はスピリッツの叡智に大変乏しい国である。しかしタイは全く違う。

タイで建物を建てる場合は、その土地の敷地内に、スピリッツハウスと呼ばれるスピリッツが住む場所を用意する。スピリッツから見れば、人間の方が後からやって来て、自分の居場所を奪ったことになる。

司祭を呼び、スピリッツハウス入魂の儀式を行なってもらう。

このことで、その土地に元から住んでいるスピリッツに敬意を払い、スピリッツハウスに住み着いてもらうのである。

スピリッツの家を用意し、供物を捧げ、

「この土地に建物を建てることをお許し下さい。家を用意しましたので、どうかこちらに移って下さい。これからこの土地で一緒に過ごすことをお許し下さい。」

とスピリッツにお願いして、用意した家に移ってもらうのだ。

これをスピリッツハウス入魂の儀式という。

儀式の後も、その土地に住む者が、スピリッツハウスに宿るスピリッツのお世話をしていく。


日本では似た儀式に地鎮祭があるが、スピリッツハウス入魂の儀式とは根本的に考え方が違う。

スピリッツのことを神だと思っている日本では、その土地の神、氏神様の怒りを鎮め、土地を利用させてもらうことの許しを得るための儀式として、地鎮祭を行なう。日本の地鎮祭の場合は、工事が無事に終わるために、建築、土木、の工事に着手する前におこなう。

土地に祭場を作り、祭壇を用意する。酒や米や魚などの供物を供える。

神職の祈禱で氏神を迎え、土地に建物を建てることを告げ、工事の安全を祈る。塩をまくなどして土地のお祓いをする。

式の終了後、神職の合図で御下がりの酒で乾杯し、お供え物の御下がりを食する。

これが、一般的な地鎮祭の流れだが、スピリッツと神の違いや、スピリッツの動きを知っていれば、この方法だけでは問題が解決していないことがわかる。

土地に住んでいるのは神ではなく、スピリッツなのだから、スピリッツの好物を用意し、スピリッツに祈る。一般に神は酒や魚などは好まない。

スピリッツの家を用意せず、土地のお祓いだけするのであれば、スピリッツからすれば、邪魔者扱いされた印象になる場合もある。

神の供物の御下がりは食べて良いが、スピリッツに捧げた供物の御下がりを人間が食べてはいけない。

決定的な違いは、その土地に住むスピリッツが移り住む家を用意しない点である。スピリッツの動きを実際に見ていれば、解決していないことがよくわかる。

日本でスピリッツハウス入魂の儀式を正式に行なえる司祭は、現在のところスワミひとりしか私は知らない。私は幾度となくその儀式に立ち会った。

私が助手として主にやっていたのが、そのスピリッツハウスにより素晴らしいスピリッツが入るように、適応するスピリッツを探し、交渉しに行くことである。

人間の所有地と、スピリッツのなわばりは異なる。

人間の所有地というのは、人間が勝手に境界線を引いて売買しているのであって、スピリッツ同士のなわばりの境界線とは全く異なるのが一般的だ。

スピリッツのなわばりは、スピリッツの動きが見えるか、直接話ができないと、わからない。

そして土地には一体しかスピリッツがいないわけではなく、場所によっては団体で住んでいることも多い。

スピリッツハウス入魂の儀式を行なうと、その後人間が世話をしてくれるため、スピリッツハウスに入りたい、と思っているスピリッツは沢山いる。

しかしスピリッツにも優先順位がある。土地のスピリッツが怒っていることが原因で、家や家族に問題が起き、その問題解決のために儀式を行なう場合は、その怒っているスピリッツ優先にスピリッツハウスに入ってもらう。

だがもしその土地にスピリッツの長がいる場合は、長の方が優先される。

当然のことだが、スピリッツは人間の言うことよりも、自分のなわばりの長の言うことの方を聞くため、長に入ってもらえれば、よりよい解決になる。

そのため、最初にスピリッツのなわばりを確認し、そのなわばりの長を探す。スピリッツの長は、人間の家から離れた場所にある大きな木や岩に宿っていることが多かった。

現実は、長級がスピリッツハウスに入ることは難しい。ある程度の位のスピリッツになると、一般家庭のスピリッツハウスなどに関心は無く、自然を好み人間と関わること自体を嫌うからだ。

長が入らない場合は、次にその土地に古くから住むスピリッツが優先される。

しかし古株のスピリッツがスピリッツハウスに入ることもあまりない。古株のスピリッツというのは、その場を気に入り長く宿っているゆえに『自分はここから動きたくない。ほっといてくれ。』という場合が多いのだ。

次に一番力のあるスピリッツが優先される。

力のあるスピリッツは、関係が上手くいっている時はとても良いが、怒らせると大変な事態になるため、世話をする人の力量も考えないといけない。

世話をする人が、手に負えないだろうと思った時は、儀式の事前にまわりのスピリッツ達と交渉して、人間に対して優しいスピリッツに入ってもらう場合もある。

私は、こういったことを事前に見定めて、スピリッツと人間の後々のことを考え、時にはスピリッツに直接交渉しに行く。

「あのスピリッツなら良い」というスピリッツ側からの推薦がある時もあり、最初の予定と全く違うスピリッツが入ることになった事例もあった。

スピリッツハウス入魂の儀式の際にも、スピリッツの誘導が必要になる場合もある。

スワミはもちろん、スピリッツの動きなどはわかるが、司祭は長いマントラを唱え、失敗のないよう儀式自体に集中しなければならない。

私が助手で呼ばれた時は、スワミが儀式に集中できるよう、スピリッツの動きを見たり、スピリッツの誘導などを陰ながらおこなう。


スピリッツというのは、利口なスピリッツもいれば、そうでないスピリッツもいる。

利口でないスピリッツが、スピリッツハウスに入ることになった場合は大変になる。

司祭が「どうぞ家に入って下さい」「供物を召し上がり下さい」などのマントラを唱えてても、なぜかスピリッツも参加者と一緒に参列席で見学している。

(ここじゃないでしょ、あっちでしょ！)と誘導が必要になり、気が抜けない。

司祭が右手を振り下ろし、「家に入って下さい」の合図の時には、スピリッツの方は
(供物を食べていいのだ！)と勘違いして、喜んで食べようとする。

(違う違う！　今、家に入るの！　後でちゃんと食べれる時間があるから！)と注意しなければならない。

儀式の成功のための司祭の助手であり、スピリッツと漫才をしている場合ではないので、冷や汗をかく時もある。

儀式の後は、スワミにどのタイミングで、どのようなスピリッツが入ったかを知らせる。井戸を埋めて水のスピリッツが怒っている場合の儀式では、埋めた井戸のあたりから、茶色いヒラメのような円盤状の水のスピリッツがやってきたり、グレーのぷよぷよした水のしずくのようなスピリッツが上から降りて来た。

これまでスワミ司祭のスピリッツハウス入魂の儀式でスピリッツが宿らなかった例はまだ一度もない。

スピリッツハウスに無事スピリッツが宿ったら、その後は家の人がしっかりとスピリッツのお世話をしていく。そしてスピリッツとの関係性を徐々に作っていく。

土地のスピリッツとの関係が上手くいくと、スピリッツが原因で苦しめられていた問題は解決する。

スピリッツハウスに宿ったスピリッツと良い関係を築ければ、様々な恩恵がもたらされるだろう。

男女の人形を用意するのは、男のスピリッツは男の人形に、女のスピリッツは女の人形に宿るからだ。

タイでは至る所に、このようなスピッツハウスがある。

※タイのスピリッツハウス

※スピリッツハウス入魂の儀式をおこなった日本のスピリッツハウス

※スピリッツの宿る対象となる人形

第六章
死んだらどうなるのか

・死ぬ目的　何のために人は死ぬのか

生まれてきた理由については、多くの人達が教えている。

しかし、死ぬ理由について教えている人を、日本ではスワミ以外に私はまだ出会っていない。

この疑問をもつ人すら、まずいないだろう。誰もが必ず死を迎えるにもかかわらず、死ぬ理由、死後すべきことについて、日本では明確に教えていない。

では、死ぬ理由と、その目的は何なのか。

それは、〝死んでいる間にしかできないカルマ解消を行う〟のである。

カルマ解消のために死に、死後の世界が待っているわけだから、死後はとてつもなく辛い。辛く、厳しい世界となる。決して死ねば楽になるのではない。

何故一般人は〝死〟を恐れるのか。それは死後、生きているよりも、もっと辛いことが待っていることを、魂が知っているからである。

一般に、特に日本人は、何がカルマになるかも学ばず生きている。そのため、死ぬ目的は、地獄に行きカルマ解消するためである、と言っても過言ではない。

そのことを学んだごく一部の人は、多くの徳積みを行い、地獄行きを免れる。

そして〝テワダー〟となって、テワダーの世界へ行く。いわゆる〝天国〟である。テワダーになれる人は、生前カルマを作らず、徳分を作ることに人生を捧げた人である。

生涯にわたって、肉魚を食べ、酒を飲んだ人は、それだけで莫大なカルマを作ったため、間違いなく地獄行きとなる。これは人間性の良し悪しは全く関係ないのだ。

「良い人だったから天国」「人に嫌われるような人だから地獄」は全く関係ない。

死ぬ目的は一般には、地獄に行くためである。また、カルマ解消をして下さるありがたい場所のことを人々は〝地獄〟と呼んでいるのだ。

・死後の世界

　では死後の世界はどうなっているのか。

　寿命が尽きた日、お迎えがやって来る。地獄から神の使いがやってくるのだ。これがいわゆる〝死神〟である。

　死神というと魂を抜き取る恐ろしい存在のように思うかもしれないが、死神がやって来る理由は、死者の魂がバッドスピリッツの餌食にならないよう守りながら、地獄まで連れて行ってくれるためである。

※タウエースワンの像

　死者の魂は死神に連れられ、まず地獄の入り口まで案内される。
　タイでは〝タウエースワン〟と呼ばれ

ている神が、地獄の入り口で目を光らせて魂達を見ている。それはバッドスピリッツが魂に隠れていないかを見極めるためである。地獄にバッドスピリッツが入ると大変だからだ。

次に一時待合所に連れて行かれる。

待合所はいくつかの部屋があり、次は生まれ変わる必要がないほど純粋な魂はこの部屋、ひどいカルマのある魂はこの部屋、という風に大まかにわかれている。

そこで待っていると、案内人がやって来て、査定の場所に連れて行かれる。

そこにはヤマラージャという神がいる。日本で閻魔大王と呼ばれている存在だ。

サンスクリット語で死神は「ヤマ」という。この言葉が日本に伝来し、なまって「エンマ」になった。〝ラージャ〟の意味は〝王〟である。

寿命終了後、魂は人間界でいう百日でヤマラージャの裁きを受ける。

この魂はどれぐらい徳分があるのか、どのようなカルマがあるのかを、ヤマラージャに査定され、カルマ解消のために地獄に行くか、天国と呼ばれるテワダーの世界に行くかが決まる。

ほとんど全ての魂は地獄に行く。多くの人達は何をすれば徳分になるのか、何をすればカルマになるのかすら知らないまま、人間界で過ごすからである。

そしてそのカルマを解消してもらえる有り難い場所が〝地獄〟と呼ばれているだけだ。

ヤマラージャの裁きによって魂の行き先が決まると、再び案内人に連れられ、カルマ解消の場所に向かう。

その途中に大きな湖があり、湖の水を飲むように勧められる。

その水を飲むと、生きていた時の一切全てのことを忘れる。記憶が無くなる。家族のことも、自分のことも何も覚えていない。仮に隣に自分の親や子の魂がいたとしてもわからない。

厳密に言えば、記憶を消し去られるわけではなく、記憶を隠されるのだ。

・地獄の様子

生きていた時の記憶が無くなったのち、自分のカルマを解消してもらえる場所に連れて行かれる。

例えば、酒を飲んでいた者は、毒飲み地獄に行く。酒は人間の飲むべき物ではないために、飲酒はカルマになる。地獄で「そんなに毒を飲みたいのか」と問われ、無理やり溶かした鉄や毒を口から流し込まれる。肉体は無くても意識があるため、恐怖、壮絶な痛み苦しみを伴い、ショック死する。しかし魂は死ねないため、やがて意識が戻る。そしてまた同じ苦しみを与えられる。

これが何度も繰り返されるのだ。

この経験ゆえ「もう二度と酒は飲まない。」と心底思い、反省した魂が来世人間に生まれてきた時には、酒のカルマが終わっているので、酒を飲まない人生になる。

妬み嫉妬が強い者は、釜で焼かれる地獄に行く。

彼らは自分の妬みと嫉妬の炎によって、釜の中で自分自身が焼かれてしまう。その釜は外部より火で熱せられているわけではない。その釜の中に入れられると、自分の炎によって自分が焼かれるのだ。妬み、嫉妬がなくなると、熱く感じなくなる。

ずっと立たされる地獄もある。

ずっと立っていなければならないが、たまに椅子が運ばれて来て、座って休める魂がある。その人（魂）の子孫が徳分を送ってくれたのだ。

子孫が自分の徳分を先祖に捧げた時には、その徳分によって地獄での苦しみが一時軽減される権利が与えられる。

しかし先祖本人は過去の記憶がないため、誰が徳分を送ってくれたのかもわからない。それでも自分の先祖の苦しみ（カルマ解消）を少しでも助けたい、と思うのが子孫であり、子孫の義務であろう。

・お盆は何をすればいいのか

このように地獄でカルマ解消が行われているため、盆にご先祖様の魂が帰って来る、などとはありえない話である。一度地獄に行った魂は、次に生まれ変わって来るまで、人間界に戻れることはない。

では、お盆は何をすればいいのか。

普段はあまりお供えをしない家でも、お盆の時には、墓参りに行ったり、仏壇に花を供え、先祖のことを想って線香を焚いたり、人が集まり仏壇前に菓子をお供えする。

仏壇では、上部に祀られているお釈迦様など神聖な存在に供物を捧げ、徳分を獲得する。そして、その徳分を先祖に捧げる。「どうかこの徳分をご先祖様に届けて下さい。」と、仏壇の前で祈る。徳分を積んで、先祖に送るのだ。そうすれば、あの世のご先祖様を一時助けることができる。

お盆は本当の意味で、〝先祖のために祈りを捧げる期間〟として有効であり、この文化背景は大切である。

・なぜ死後のことがわかるのか

死後の世界の話を詳しく説明すると、多くの人から質問がくる。

「あなたは死んだこともないのに、何故死後のことがわかるのか？」

このような質問は初対面の人は遠慮してあまり言わないが、親族や親しい人から出る場合が多い。

しかし、そのような人でも、僧侶の言うとおりに葬儀をあげ、四十九日の法要などをするのだろう。法事では僧侶の法話を聞くこともあるだろう。

それは自分達はその道の勉強をしていないため、ひとまず専門職である僧侶の言う通りにしておけば間違いないだろう、と単純に思っているからである。深く考えているわけでもない。

全く勉強をしていない日本人よりは、もちろん僧侶の方が学んでいると期待したい。しかし、他アジア諸国の僧侶と比べて、日本の僧侶はどこまで学べているのだろうか。

五戒というのは僧侶だけではなく、一般の人達も最低限守らないといけないことである。インドの聖者、タイの僧侶が、酒を飲むなどありえないことであり、女性に一切触れてはいけないなども当たり前のことである。しかし、日本の僧侶は肉を食べ酒を飲み、五戒すら守れていない人がほとんどだ。

アジアには叡智を深く学び、厳しい修行をされ、素晴らしい活躍をされている人達が沢山いる。

物理の勉強をしていない人が物理学者に「相対性理論や量子力学など、何故そんなことがわかるの？」と聞けば、「私は物理を一生懸命勉強したからだよ。」と答えるだろう。

物理や数学は、正しく学ぶことで、その内容が理解できる。

「死んだ後のことが何故わかるのか？」

叡智を学んだからなのだ。真の叡智をもとに、深く修行することで、いかなる世界へも行ってくることができるようになる。死んだ後の世界や、神の世界、スピリッツの世界、ルーシーの世界など、あらゆる世界に自在に行き来できる。

それは夢物語ではなく、人生をかけて叡智を習得し、厳しい修行を続けて、全世界を理解できるようになるのだ。

スワミは「まだ自分はそこまでには達していない。」と謙虚に言う。しかし、タイのアチャンは十分にその領域に達している。それはタイの高僧達も全てが認め、脱帽している。

よって一般人の「何故死後のことがわかるのか？」という質問自体が未熟すぎる。

真の広い世界を知らない証拠である。

・徳分を捧げる最も良い期間

徳分は人にあげられるが、カルマは人にあげられない。

お金に例えると「私の借金を貴方に差しあげます。」と言っても誰も受け取らない。

しかし「私の貯金を少し貴方に差しあげます。」と言えば、ありがたく受け取る人もいる。


そして徳分は手法によって相手に捧げることができるが、相手がその徳分を受け取れるかどうかは、相手次第である。


例えば、子が生きている親に徳分を捧げたとしよう。しかしその親が、信仰心無く、肉を食べ酒を飲み、カルマを積み続けるような生き方をしている人間であれば、本人は捧げられた徳分に気づくこともなく、捧げた徳分はほとんど子に返ってきてしまうのだ。

そしてあまりにも酷いカルマがある魂は、死後非常に深い地獄に落ちてカルマ解消する。

その場合、たとえ子孫が徳分を送っても、そのような魂は徳分を得る権利が与えられていないため、徳分は返ってきてしまう。

徳分を捧げる最も良い期間は、肉体の死後から、死者の魂がヤマラージャの裁きを受ける迄である。

人は肉体がある時は、死後のことがわからないため、良い行いも受け入れられず、徳分を捧げても返ってきてしまう場合があるが、死後肉体が無くなると、徳分が必要なことが理解できるようになり、受け入れられるようになる。

そして重要なのは、死後、魂がヤマラージャの査定を受ける時の徳分の多さである。その魂のカルマだけではなく、どれほどの徳分があるかをヤマラージャに査定され、魂の行き先が決まるのだ。

それ故にその時までに、可能な限り故人に徳分を持たせてあげた方が良いのだ。

子は親に、生んでくれた恩を返さねばならない。

子孫は先祖の魂に対して、恩返ししなくてはいけない。

故人に対してできる恩返しは、徳分を捧げるほかないのだ。

・自分の徳分を先祖に送ることができる

徳積みの方法は、様々である。

〝仏壇で徳積みをする方法〟は、仏壇に祀ってあるお釈迦様や、神聖な存在に対して供物を捧げることである。

供物を供える時は、人間が使用していない、神聖な存在のために用意した器を使用する。供物の菓子などは、包み紙から出して、器に載せる。飲み物も封をあけて供える。ストローが必要な飲み物はストローを挿して供えること。

その供物を、先祖ではなく神聖な存在に対して「これをお捧げしますので、どうぞお受け取り下さい。」と祈る。

これで徳分ができる。そして「この徳分を先祖の誰々に送ります。」と真剣に祈ることで、徳分を送ることができるのだ。

徳分を正式に捧げる手法もある。

正式な手法は、マントラなどを学んでいくことで獲得できる。

①徳分となる行為を行う
②徳分は他者に捧げられることを知る
③徳分を捧げることによって先祖に恩返しする

これが基本である。

・タイの葬儀と日本の葬式の違い

タイと現在の日本では、国の成り立ち、本質が全く異なる。

「タイは徳分が積める国であり、日本は徳分を使い果たす国である。」とスワミから教わったことがあるが、悲しいがそれが現在の日本である。

タイではまわりを見渡せば徳分を積める機会や場所が沢山あるが、日本では徳分を積むことが難しい。

お寺は何をする場所なのか？

お寺というのは本来、〝徳分を作るための場所〟である。しかし日本では観光場所の一つのようになっている。

非常に残念なことだが、日本では在家の人間が最低限守るべき五戒すら僧侶自身が守っていないため、日本の僧侶やお寺にお布施をしても、徳分になるとは限らない。

※タイのお寺

朝早くからタイのお寺では、出家され二百二十七の戒律を守った僧侶達の托鉢が行われている。それは食べ物を恵んでもらうための行為ではない。

僧侶の托鉢に、食物等を布施することで、大きな徳分になる。私達が徳分を積める機会を与えて下さっているのが、〝托鉢〟である。

タイの葬儀と日本の葬儀も全く異なる。

日本の葬儀は故人のためよりもむしろ、残された人達のために行っているような色合いが強い。日本では亡くなった人のために何をしてあげれば良いのか、ということすら正しく理解されていないからである。

タイの葬儀は、故人に可能な限り多くの徳分を持たせて送ってあげるための儀式である。

※タイの葬儀の棺桶

※タイの葬儀の様子

集まった人達が故人に対して皆で徳分を捧げるのだ。

そのため、タイの葬儀は、一日で終わることはまずない。人によっては一週間かける場合もある。

故人の親族縁者は、お寺に布施したり、食事を僧侶に捧げたり、徳分を作る行為を行う。中には、親族の中で誰かが出家して、その徳分を故人に捧げる場合もある。

出家することは大きな徳分になるからである。

※お寺でお釈迦様に供物を捧げ、僧侶に食事を捧げている

このような教えが日本には全くない。

そのため、ますます徳積みができない国になっていったのだ。

故人に徳分を持たせて送るために、親族はお寺で徳分を作る行為をする。死後の世界で必要となるのは、徳分のみであることを、タイ人は知っているからだ。

・過去世を忘れる理由

誰しも自分の今いる世界を主に考えてしまうが、人間界というのは本当は非常に特殊な場所であり、この人間界に人間として生まれてくること自体が希少なことなのだ。

人間界はカルマ解消も行え、徳分も積める世界である。今世の自分の学び、生き方次第で、死後の魂の行き先が変えられる。

魂の学びと成長のために、神の恩恵によって肉体の生死が与えられ、死後の世界と人間界を何度も何度も行ったり来たりすることを、輪廻転生と呼んでいる。

ではなぜ人間は生まれてくる時に、過去世の記憶を全て失っているのか。

一つの大きな理由は、覚えていたら学びにはならないからである。人間界というのは魂の学びの場で、肉体を持った体験学習の場所だ。

お釈迦様の教えの、五戒の第一に「殺生をしてはならない。」とある。魂というのは人間にだけ入っているものではない。虫や、魚や、動物達にも魂がある。動物として生まれ、動物としての魂の学びをしている最中だ。

それを人間が勝手にその命を断てば、その魂の学びの時間を奪ったことになる。神はそれぞれの学びのために、この世界に魂を送っているにもかかわらず、それを人間が勝手に魂の学びを中断させることをすれば、それは神の邪魔をしたことになり、大きな悪いカルマになるのだ。

一度殺生をして、あの世でそれがカルマになったことを知り、次に生まれた時に覚えていれば、もう殺生しないかもしれない。

しかし真の学びとは「自分のカルマになるのが嫌だから、もう殺さない。」のではなく、〝相手の魂の学びの時間を、自分が奪ったのだ〟ということを深く理解することである。

カルマを解消することとは、魂が成長を遂げるための糧になる。全てを覚えていれば、深い勉強をする前に、カルマを積まなくなる。

学生が数学の問題を解く時と同様である。問題を解く過程が学びになる。答えを得ることは、その次である。最初から解答集を見て、問題を解いては学べない。カンニングと同じだ。

同様に、過去世を覚えていては、人生の問題が生じた時に、解答集を見ているのと同じである。

例えば、「百万円詐欺にあったが、ああそうか、過去世で自分も人からお金を騙し取ったからだ。」とわかったならば、カンニングと同じで深く学べないからだ。


悪いカルマを意図して作るのはよくないが、学びのまだ浅い魂は、悪いカルマによって、痛い目に合い、そこから学び、魂の成長を遂げなければならない場合もあるのだ。

深い学びは、何度も、何度も、学習しないと、人間はわからない。だからわかるまで、何度も生まれてくる。


忘れることも、魂の成長に必要な、神の恩恵の一つなのだ。

第七章

墓と仏壇は本当は何をするべきなのか

・先祖の魂に対して本当にすべきことは何か

徳分は必要なのであろうか。

カルマの解消のために、様々な形で不都合なことが発生する。しかし、徳分があれば、その徳分を使って、不都合なことから守られる。そのため、大難が中難になり、中難が小難になり、小難がなくなるかもしれない。

しかし徳分は、生きている間よりも、死後の世界で最も必要となる。

人生は、決して良い思いをする為にあるのではない。カルマの解消をし、徳分を積むための時間である。

カルマを解消するのは辛い。徳分を積むためには、時間、お金、労力がかかる。

カルマ解消はその時間がくれば嫌でもやって来る。徳積みは自ら進んで行わないとできない。

前述したように徳分が本当に必要なのは、死後である。しかし、多くの人々は徳分を使い果たして死んでいく。

死後、ほとんどの人間は地獄にいく。ほとんどの人達は何をすれば徳分になるのか、何をすればカルマになるのかを知らずに、生きているからだ。

あなたの先祖の魂も、地獄で苦しんでいる可能性が高い。

では子孫が先祖の魂に対してできることは何か。

死者となった先祖の魂は、次に生まれ変われるまで、もう徳分は積めない。何度も述べるが、死後の世界はカルマ解消をするための場所であり、徳分を積める場所ではないのだ。

そこで、生きている子孫が、先祖に対して徳分を送るのだ。これによって、地獄にいる先祖の魂は、その徳分の量だけ救われる。

これこそが、子孫が先祖の魂に対して、真にやるべきことなのだ。

そしてこのこと以外に、先祖の魂に対してできることは無いのである。

・墓、仏壇は何をするためのものなのか

お墓は〝外のスピリッツハウス〟と言える。

墓参りに行き、供物を捧げ、墓を大切にすれば、先祖ではなく〝墓に宿るスピリッツ〟が、その家族を助けてくれるようになる。

仏壇は〝徳分を作るための場所〟である。

仏壇に祀っているお釈迦様や神聖な方々に、供物を捧げ祈れば、徳分が生じる。その徳分を先祖に送って、先祖を助けることができる。

気づいているだろうか。これらは、はた目には日本人がいつもやっていることと、〝全く変わらないのである〟。

しかし、〝祈りを捧げる対象と、その内容が全く違う〟のだ。

正しい祈りを行ったところで、はた目にはこれまでと何も変わらないのだから、他人の

目も、家族の目も、気にする必要がない。人々の間で問題は何も起きない。

これまでの大いなる誤解、勘違いから、日本人は多くの恩恵を受け取れずにきた。

どうか正しく真の叡智を学び、大きな徳分を得られる人生に変われますように。

あなたの家族と、あなたの先祖の魂に、真に多くの恩恵が降り注ぐことを、お祈り致します。

あとがき

私は大変不出来な人間ですが、スワミの弟子の中では、一番古くからスワミの傍で様々な勉強をさせて頂いてます。

非物理的世界の存在と戦うスワミと一緒にいるということは、それゆえに沢山の恐ろしい体験もしましたが、素晴らしい数々の奇跡も見てきました。

スワミの導きによって、インドでヒンドゥーを学び、様々な神の叡智を授かり、スワミ司祭による神の儀式のお手伝いもしてきました。

フィリピンではキリスト教を学び、魔法学校に入学し、多くのオラシオンの叡智を授かり、スワミのヒーリングやエクソシズムの助手をするようになりました。

タイでは本当の仏教を学ぶことができ、本物のお釈迦様の叡智を授かりました。

その後、神の世界の扉を開ける〝天の扉開き〟のお手伝いもさせて頂くようになりました。

スワミ他、スワミの奥様や、タイのアチャンなど、偉大な先生方から深い学びを与えられ、神やお釈迦様の叡智を授かり、私は様々な体験をして来られたのです。

しかし私は決して優秀な人間ではありません。人が当たり前にできることが上手くできないような人間です。人として優秀な人は他に沢山いるでしょう。

スワミと初めて出会った時の私は、周囲に笑顔で対応していても、魂が深い海の中に沈んでもがき苦しみ、心の中で誰かに助けを求めているような状況でした。

そのような私がスワミに見い出され、助けられ、神の学びの道に導かれ、のちに様々な叡智を授かるようになりました。

不器用なりに努力し勉強して、私の魂がつねに学びと成長を求めていたから、深い学びが得られるようになっていったのです。

そして素晴らしい先生方の背中を必死で追いかけているうちに、いつしか自分だけが学ぶのではなく、昔の自分のように人生に苦しみ、魂がさらなる学びを求めている人達の手助けをしたい、と思うようになりました。

本書を私が書くことになったのも、私が多くの人を救えるようにと考え、スワミがこの機会を与えて下さったからです。

私にいつも深い学びを教えて下さり、私の成長を見守って下さる先生方と、不出来な私を見捨てずいつも助けてくれ、このような機会まで与えて下さるスワミに、魂から感謝しています。

私が学んだ経験では、神事は決して自分の都合の良いことばかりはやってきません。神の恩恵というのは、人間側が良いと思うことではなく、神から見てその魂が成長できる良いことがやって来るのです。

人間と神は遠い存在のため、価値観が全く異なります。

神事を深く長く学んでいくと、人間的には辛いことも出てきます。しかし真面目に学んでいけば、時が過ぎてから振り返った時に、それは実は素晴らしい神の恩恵だったのだ、と気づける日がやってきます。

何が起こっても、物事には必ず意味があると理解し、ひとつひとつ乗り越えることです。

本書は、お墓と仏壇を題材に、多くの日本人が知らない世界をまず知ってもらおうと、一番基礎となることを書いています。

未知なる世界と、素晴らしい奇跡の数々を伝えるために、スワミのことを沢山書かせて頂き、私の体験談を載せました。

そして、本書で明かせる大切な叡智も書きました。

この本を手にした人は、〝そのことを知ることが出来る権利のある魂の人〟ということです。

日本人が知らない世界、知らないことはまだまだ沢山あります。

この本を読まれた方が本書をきっかけに、自分の魂に恥じないよう、これから正しい道を歩んでいかれることを願っています。

ウズメ

ウズメによる
お墓・仏壇・庭・土地の鑑定
ウズメ勉強会の参加希望　等

◆連絡先　uzume9@hotmail.com

ウズメ　略歴

幼少期より、数々の神秘体験をする。人とは違う感覚や体験から、苦悩する日々を送っていたが、霊性の師であるスワミとの出会いによって救われる。

スワミの下で長年個人修行をしてきた。現在スワミの元にいる側近の弟子の中では最も古くから学んでおり、スワミからの高い信頼を得ている。


スワミの指導の下、インドでの修行に始まり、インドでは神の叡智（ヴェーダ）とヒンドゥーの秘法を習得。フィリピンでは魔法学校に入学し、キリスト教の叡智を修め、スピリッツの世界を学び、オラシオンの秘法を習得。タイでは、秘法学校に学び、仏教の神髄を修める。

現在「天の扉開き」の助手を務めている。


また、神の世界、スピリッツの世界など、非物理的世界の真理を基礎から教える勉強会を開き、深い学びを求めている人々に教えている。

悩める多くの相談者の問題を解決するため、墓、仏壇にとどまらず、土地、人物、家、事務所、井戸、池など多くの対象を鑑定している。それにより、問題の真の深い原因をつきとめる。
特に日本に概念すらなかったスピリッツに対して働きかける〝スピリッツ鑑定〟を精力的に行っている。

長野県在住

先祖の霊など宿っていない
墓と仏壇の本当の話

第一刷　2018年5月31日

著者　ウズメ

発行人　石井健資
発行所　株式会社ヒカルランド
〒162-0821　東京都新宿区津久戸町3-11　TH1ビル6F
電話　03-6265-0852　ファックス　03-6265-0853
http://www.hikaruland.co.jp　info@hikaruland.co.jp
振替　00180-8-496587
本文・カバー・製本　中央精版印刷株式会社
DTP　株式会社キャップス
編集担当　山田よしみ

ISBN978-4-86471-640-6

宝石温熱エナジーマット シリーズ

普段ご利用のベッドのサイズや、ご予算などにあわせて様々なサイズからお選びいただけます。

ミニミニ
マット

シングルマットL

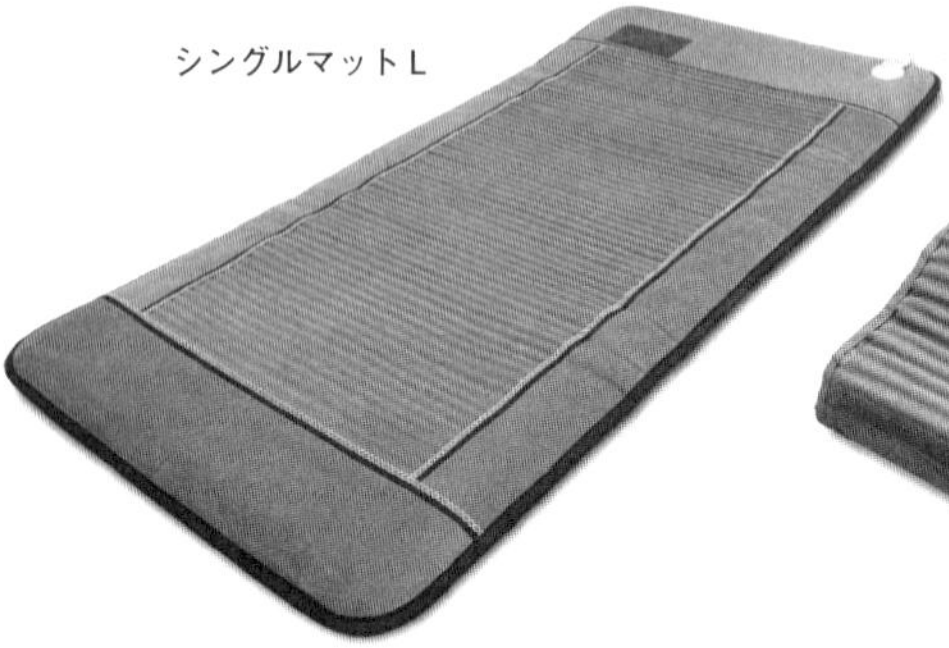

宝石ピロー

宝石ベルト

シングルマットL
［販売価格］410,400円（税込）
●サイズ：100cm×200cm ●重量：約17kg ●電源：AC100V ●消費電力：240W ●コントローラー付
通常サイズ＋αの幅・長さで、ゆったりと使えます。

シングルマット
［販売価格］367,200円（税込）
●サイズ：70cm×188cm ●重量：約13kg ●電源：AC100V ●消費電力：180W ●コントローラー付
スタンダードな通常サイズです。

ミニマット
［販売価格］140,400円（税込）
●サイズ：50cm×85cm ●重量：約4kg ●電源：AC100V ●消費電力：100W ●コントローラー付
省スペースで気軽に手軽に使えます。

ミニミニマット
［販売価格］86,400円（税込）
●サイズ：45cm×45cm ●重量：約2kg ●電源：AC100V ●消費電力：65W ●コントローラー付
イスに敷いたり、持ち歩いたりできる便利なサイズです。

宝石ピロー
［販売価格］32,400円（税込）
●サイズ：50cm×30cm ●重量：約2kg
脳と心のリラックス＆安眠を提供します。
※温め機能はありません。

宝石ベルト
［販売価格］19,440円（税込）
●サイズ：S（100cm）、M（110cm）、L（120cm） ●重量：S（約325g）、M（約338g）、L（約350g）
日中活動をしながら腰から体を温めます。
※温め機能はありません。

※宝石温熱エナジーマットシリーズは、別会社より直送いたします。お届けまで数日いただく場合がございます。

本といっしょに楽しむ ハピハピ♥ Goods&Life ヒカルランド

世界最高峰のオーガニック茶葉『神楽坂紅茶』

世界の一般市場には出回らない最高峰のオーガニック茶葉ブランド「ラヴォンド」を100%使用した超プレミアムな逸品！
『神楽坂紅茶』は、世界屈指の紅茶バイヤー伊藤孝志氏（「ラヴォンド」の創始者）とヒカルランドとの奇跡のコラボレーションにより誕生しました。
世界的産地インドのアッサムとダージリンの中でも、オーガニックはもちろん、木々の生育、発酵の度合いや土壌、経営者とスタッフの良好な関係に至るまで徹底管理された特別農園により産み出されたもの。伊藤氏が扱う茶葉は、世界のごく一部にしか流通していない《幻の紅茶》と言われています。
厳選に厳選を重ねた極上の紅茶で、癒し、健康、美容にも効果があるとされる奥深い世界を『神楽坂紅茶』でぜひご堪能ください。

（上） ダージリン春摘みパッケージ
40ｇ　4,320円（税込）
（中） ダージリン夏摘みパッケージ
40ｇ　4,320円（税込）
（下） アッサム
70ｇ　4,320円（税込）

ヒカルランドパーク取扱い商品に関するお問い合わせ等は
メール：info@hikarulandpark.jp　URL：http://hikarulandpark.jp/
03-5225-2671（平日10-17時）

こんな変化が！　愛用者からの反響続出中！

【小便】スムーズ、透明化、勢いが増す
【大便】発酵臭、大便が浮く、お通じがスムーズ
【 肌 】なめらか、きめが細かく、明るく、化粧ノリが良い、クスミが薄く、もち肌に
【 爪 】しっかりする、伸びが早い、新陳代謝の活発化
【 髪 】しなやか、フケ減少、脱毛減少、血流循環向上
【 汗 】サラサラ、体内の水分の改善
【身体】やわらか、かろやか、前屈のちがい
【生理】経血がキレイに、浄化作用

お祓いに！　ヒーリングに！　くま笹の清める力の神髄

くま笹珪素は、くま笹の持つ生命エネルギーをそのまま維持させる発酵製法で作られています。超微粒子・量子レベルでマイナスイオン体のエネルギーに満ちていますから、お祓いやヒーリングにも効果があります。

●スプレー容器に500mℓの水とくま笹珪素を耳かき１杯程度入れれば、浄化作用を持つエネルギー水の完成。空間にスプレーすれば滝のようなマイナスイオンの空間に。電磁波の影響も軽減します。
●部屋の四隅に置けば結界が張れ、空間エネルギーが上がります。
●手の平になじませてハートチャクラにすりこめば波動調整とエネルギーチャージに。
●その他まだまだある使い方：植物の水やりに、お肌に直接塗って紫外線予防に、就寝前のうがいで歯周病予防に。

いろいろ試してみましょう！

くま笹珪素

■ 5,000円（税込）

●原材料／馬鈴薯澱粉、くま笹（チシマ笹）、ドクダミ、化石サンゴカルシウム、風化貝化石、イネ若葉、スギナ、赤シソ、海水、塩
●内容量／30g＋5g（詰め替え用携帯サイズ付き）
●ボトル１本で700～800ふり使えます。（20ふりで約1g）

【お問い合わせ先】ヒカルランドパーク

本といっしょに楽しむ ハピハピ♥ Goods&Life ヒカルランド

胃も腸も脳もいきいき♪
くま笹のチカラで食と体を瞬間クリーニング！

「おいしく食べる」をコンセプトに、日本の伝統的な食文化の研究とエネルギーヒーリングの知恵によって生まれたパウダー状のスーパーフード「くま笹珪素」。くま笹は体内環境を整える働きを持つ有機化珪素をはじめ、葉緑素やビタミン各種、ミネラル、アミノ酸など栄養の宝庫とも言える万能食品であり、日本古来より天然の防腐剤として笹団子や笹寿司、ちまきを包むのにも使われてきました。

また場を清めるものとして神事にも使われてきました。

このくま笹に着目した日本ハーブ研究所代表を務める開発者・川口哲史さんは、刺身のツマ（消化）やワサビ（殺菌）、シソ（解毒）、菊（肝臓の保護）を食べ合わせることで体内環境を整える加薬（かやく）という日本固有の薬膳文化に倣い、ふりかけて（加薬）食事をおいしく楽しみながらお使いいただけるスーパーフードとして「くま笹珪素」を開発。海の幸・山の幸の陰陽バランスの取れた日本の伝統食に倣い、カルシウム豊富で体内のソマチッドがよろこぶ太古の貝化石（海）、解毒作用のあるドクダミやイネ若葉、赤紫蘇（山）なども配合。また、味噌づくりをヒントにした発酵製法を考え出したことで酸化を防ぐことにも成功しました。

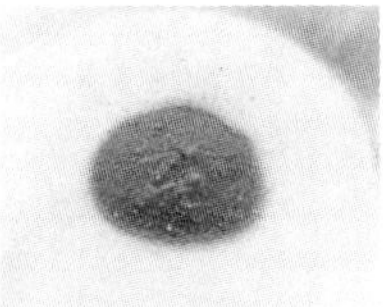

どんな料理もおいしく浄化♪

食べ物や飲み物に直接ふりかけるほか、珪素のチカラが活きる効果的な使い方を紹介します。

- ●玄米や雑穀米を炊く際に少量加える⇒臭みの除去、風味アップ
- ●調理で使う水にひとふり⇒素材の味を引き出す
- ●魚・刺身を冷蔵保存する前にひとふり⇒鮮度の維持、変色を防ぐ
- ●グラスにひとふりしてからビールを注ぐ⇒まるで生ビール ?!
- ●ペットの食事にもひとふり⇒ペットは珪素大好き。口臭や毛並み改善に期待

いろいろな料理に
試してみましょう！

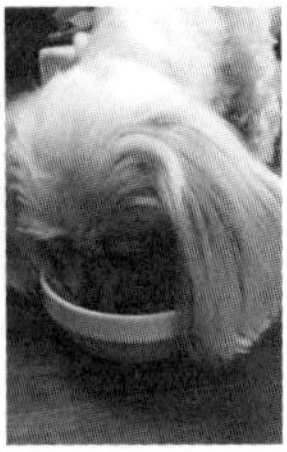

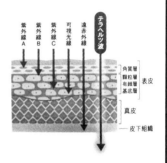

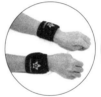

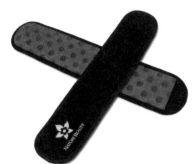

もはや国家問題と化した
認知症や脳障害の予防・改善に期待大!
脳の活性化で脱ストレスやリラックス効果も

高齢化社会を本格的に迎えた日本。2025年には予備軍も含めると認知症患者数1300万人（国民の１割以上）という深刻なデータもあります。この危機的状況を解決する大きな希望としてブレインオンは誕生しました。

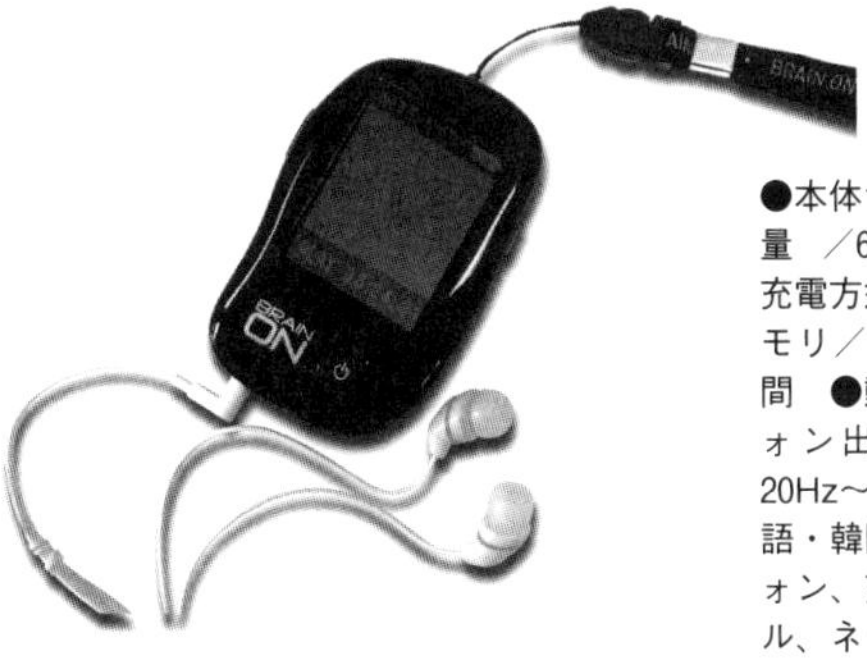

ブレインオン

■ 427,680円（税込）

●本体サイズ／63㎜×97㎜×16㎜　●重量　／60ｇ　●LCD／2.4TFT LCD　●充電方式／リチウムポリマー電池　●メモリ／２GB　●再生可能時間／約６時間　●動作温度／－３～40℃　●イヤフォン出力／2.5mW　●周波数帯域／20Hz～20kHz　●表示言語／日本語・英語・韓国語・中国語　●付属品／イヤフォン、充電器、使用説明書、充電ケーブル、ネックストラップ、本体用小袋

FDA（米国食品医薬品局）が世界で唯一認可した、家庭用個人向け認知症予防・治療器。

韓国や欧州など各国で医療認可を受けています。（日本国内では健康機器として販売）

使い方は簡単で、イヤフォンを両耳につけて１時間以上聞き続けるだけです。電源を入れるとブレインオンから人間の耳では聞こえない音域の低周波・高周波の幅広い周波数を用いて、ピュアウェーブ音波を出力します。ピュアウェーブ音波は、聴覚的な情報を統合する脳幹の神経核を共鳴させ、特定した周波数の電気的刺激を加えます。その信号を再び大脳皮質に送ることで、大脳皮質を活性化。脳の基礎リズムと自律神経系の調整能力を最適な状態で維持させるのです。さらに左脳と右脳を安定的なバランスで相互交流させることで脳の活動が最大化。脳波の安定を誘導してくれますので、これにより肉体的・精神的ストレスが軽減されます。

ブレインオンの働きは認知症、あらゆる脳障害や精神的な病の緩和に期待が持てるほか、日常の不安・ストレスを取り除き、集中力や発想力を上げ、身体の免疫力も高めてくれます。副作用や不快感もなく、ご年配の方でも、受験勉強に集中したいお子様でも安心してお使いいただけます。

【お問い合わせ先】ヒカルランドパーク

《みらくる Shopping & Healing》とは

◉ リフレッシュ

◉ 疲労回復

◉ 免疫アップ

など健康増進を目的としたヒーリングルーム

一番の特徴は、このHealingルーム自体が、自然の生命活性エネルギーと肉体との交流を目的として創られていることです。

私たちの生活の周りに多くの木材が使われていますが、そのどれもが高温乾燥・薬剤塗布により微生物がいないため、本来もっているはずの薬効を封じられているものばかりです。


《みらくる Shopping & Healing》では、45℃のほどよい環境で、木材で作られた乾燥室でやさしくじっくり乾燥させた日本の杉材を床、壁面に使用しています。微生物が生きたままの杉材によって、部屋に居ながらにして森林浴が体感できます。

さらに従来のエアコンとはまったく異なるコンセプトで作られた特製の光冷暖房器を採用。この光冷暖房器は部屋全体に施された漆喰《しっくい》との共鳴反応によって、自然そのもののような心地よさを再現するものです。つまり、ここに来て、ここに居るだけで
1.リフレッシュ　2.疲労回復　3.免疫アップにつながります。

> 波動の高さ、心地よさにスタッフが感動したクリスタルやアロマも取り揃えております。また、それらを使用した特別セッションのメニューもございますので、お気軽にお問合せください。

神楽坂ヒカルランド みらくる Shopping & Healing

神楽坂ヒカルランド みらくる Shopping & Healing
〒162-0805　東京都新宿区矢来町111番地
地下鉄東西線神楽坂駅2番出口より徒歩2分
TEL：03-5579-8948
メール：info@hikarulandmarket.com
営業時間［月・木・金］11：00〜最終受付 19：30［土・日・祝］11：00〜最終受付 17：00（火・水［カミの日］は特別セッションのみ）
※ Healingメニューは予約制、事前のお申込みが必要となります。
ホームページ：http://kagurazakamiracle.com/
ブログ：https://ameblo.jp/hikarulandmiracle/

神楽坂ヒカルランド
《みらくる Shopping & Healing》
大好評営業中!!

東西線神楽坂駅から徒歩２分。音響免疫チェアを始め、メタトロン、AWG、銀河波動チェア、ブレインパワートレーナーなど全９種の波動機器をご用意しております。日常の疲れから解放し、不調から回復へと導く波動健康機器を体感、暗視野顕微鏡で普段は見られないソマチッドも観察できます。セラピーをご希望の方は、お電話、または info@hikarulandmarket.com まで、ご希望の施術名、ご連絡先とご希望の日時を明記の上、ご連絡ください。調整の上、折り返しご連絡致します。また、火・水曜日には【カミの日特別セッション】として、通常の施術はお休みとなり、ヒカルランドの著者やご縁のある先生方の『みらくる』でしか受けられない特別個人セッションやワークショップを開催しています。詳細は神楽坂ヒカルランドみらくるのホームページ、ブログ、SNS でご案内します。皆さまのお越しをスタッフ一同お待ちしております。

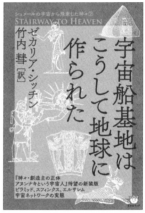

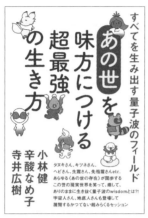

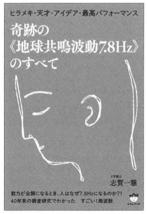

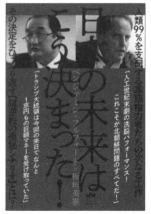